ARAGON
LA SEULE FAÇON D'EXISTER

DU MÊME AUTEUR

L'ANGLETERRE EN POÉSIE, Gallimard, 1982.
LA COMÉDIE LITTÉRAIRE, Grasset, 1987.
ÉLOGE DE LA FRANCE IMMOBILE, François Bourin, 1992.
BLAISE CENDRARS, François Bourin/Julliard, 1993.
LE VALET DE CŒUR, Théâtre (inédit).
ARAGON. LA SEULE FAÇON D'EXISTER, Grasset, 1997.
LE DERNIER AMOUR DE MONSIEUR M., Laffont, 2005.
OSCAR WILDE OU LES CENDRES DE LA GLOIRE, Mengès, 2007.

FRÉDÉRIC FERNEY

ARAGON
LA SEULE FAÇON
D'EXISTER

BERNARD GRASSET
PARIS

ISBN 978-2-246-44171-7

A la mémoire d'Elena Scognamilo, comédienne.

J'ai seul la clef de cette parade sauvage.

RIMBAUD

Ma sagesse est aussi dédaignée que le chaos. Qu'est mon néant, auprès de la stupeur qui vous attend ?

ENCORE

Je suis un inventeur bien autrement méritant que tous ceux qui m'ont précédé ; un musicien même, qui ai trouvé quelque chose comme la clef de l'amour.

TOUJOURS

ABRÉVIATIONS EMPLOYÉES

DI : *La Défense de l'Infini, Œuvres romanesques complètes* d'Aragon, tome I, Éditions Gallimard, Bibliothèque de la Pléiade, 1997.

TR : *Théâtre-Roman,* Éditions Gallimard, 1974.

LD : *Lettres à Denise,* Éditions Maurice Nadeau, 1994.

SOMMAIRE

Mauvais début 13

Défense de 27

Triste sire, traître mot 49

Rimer 69

Pitre : qu'en pense Malraux ? 85

Hors-sujet 97

Un vieux précieux ridicule 101

Naître 119

Chutes 131

Aimer 139

Trahir 157

Un bel autodafé 173

Mauvais début

Ne lisez pas cette lettre : lisez l'autre, celle que j'ai déchirée. Pensez que je déchire constamment une lettre, une sorte de lettre...

Lettres à Denise

Je dis des mots pour m'égarer. Je me joue et vous joue une pièce. Et celle en moi qui se déroule, vous n'en saurez rien. Vous ne saurez jamais ce qui m'étouffe.

La Mise à mort

Quel est celui qu'on prend pour moi ?

Le Roman inachevé

D'Aragon, de qui se nomme et se désigne ainsi, trois phrases, trois inscriptions, que je hisse abruptement, en guise d'introït, parmi tant d'autres, d'une lapidaire et spécieuse et sempiternelle et maladive sincérité, et qui ne prouvent rien. Que *dalle* – muette, celle d'un tombeau par-dessus une œuvre crâne, folle, proliférant en racines adventives, en rhizomes, comme le lierre ou le fraisier.

Une œuvre inaperçue ou niée, jonchée de remords et de négations, par endroits ensevelie à dessein par l'auteur même. Aragon, on connaît. Non! on ne connaît pas, pas tout! on ne veut pas connaître. De ce massif, de ce bosquet mouvant et lacunaire, ne nous parviennent que des tocsins, des adieux, des masques, des cris de sirènes, des trépas chimériques, des rivages fallacieux.

Des récifs en toutes lettres où le lecteur s'égare et se brise, des contours de mirage, des confins de lueurs.

Pas de preuves, rien que des présages, des petits cailloux, pimpants vestiges, fuyants indices, poses, palinodies, parousies, rébus, que pouic! semés au vent d'une prose aussi belle et illusoire et outrée que le cinématographe à ses débuts, mais parlante, matinale, intouchée par le temps.

Qu'est-ce, Aragon?

Un sombre badinage dans la couleur du siècle.

Un mélo.

Une débandade.
Une *illumination*.
Un calvaire.
Une méprise.
Quelque chose comme la clef de l'amour, mais quelle clef! voyons, Louis, il n'y a jamais de clef, même les dieux ont perdu la clef!

Le miroir du malheur, les rentes du *libertinage* et de la légèreté, la noblesse désespérée d'un refus.

La beauté – conçue et reniée – d'avoir peur.

Un pied de nez, un adieu bariolé, burlesque, à la raison.

Un dérèglement, une panne, une absence.
Un jeu d'enfant.
Risibles émois, amours, feintes, abandons, quel cirque! et l'on entrevoit là-bas, à la cime déplorable de certains frissons, cette vieille

lune, cette chimère, cette dérisoire possession de l'écrivain : le Je.

Une *défense* mais dans quel sens : protéger ou interdire ?

Une cause perdue.

Kirov, Lautréamont, Lénine, pères, pitié ! emportez-le, il se tient trop mal !

Où le situer, entre la soumission et l'esclandre ?

C'est toujours un jeune homme qui se récrie et qui se déplore : *Tout ce que je sais, je l'abaisse.* C'est celui-là, lui et lui seul, qui m'importe et qui me demeure incompréhensible.

Qu'as-tu, vieil homme, enfant ?

Qu'es-tu, maître ou valet ? C'est plus fort que toi, il faut que tu t'agenouilles et que tu trembles, dis pourquoi Louis ! devant le Très-Haut et que tu sois moine ou soldat de la vraie foi et que tu t'enfroques, le rouge aux joues, en baissant les yeux : Breton, Elsa, le Parti, à genoux !

Là, personne jamais ne viendra te délivrer.

Quand déposeras-tu ta lance et ton bouclier? Qui est libre, Louis, est désarmé. Libre! Elle est bien bonne.

N'y a-t-il pour toi d'excuse à l'adoration qu'autant qu'elle est totale?

O sainte obéissance! jougs! cierges! hymnes! tyrans! enluminures! Mais sans ces breloques, ces bibelots, que tu chéris, que tu hausses, et que tu profanes, funeste! ta beauté, ta douleur, te seraient incertaines. Sans eux, sans doute, et sans la mélancolie dont tu t'environnes, tu perdrais la source de ton chant. Alors, va, rampe!

Tu dis que tu es fou et communiste.

Peut-être.

Mais que ta bouche est belle en ce muet blasphème!

Ainsi Narcisse à genoux devant soi se parle et se contemple dans l'onde glacée de *Moscou la gâteuse.*

Plus je te lis, moins je te connais, et plus je te désapprouve, et plus je t'aime, pardon! On n'aime pas forcément qui mérite de l'être, et c'est cela qui est beau, sinon on ne saurait aimer qui que ce soit. L'amour n'est-il pas toujours déjà là, au-dessus ou à côté de nos mérites?

Pas un sourire, jamais, histrion!

La haine mystique du monde – beau monde, méchant monde, peinant sur des labeurs héréditaires et des chagrins démesurés, voici ton scribe!

Mais quel est donc le secret de ce mirliflore – âme délicate d'idéologue, esquinté par l'abîme, cœur meurtri, tendance artichaut, cœur arbitraire, si docile, si soupçonneux du pire, si narquois – raffolant de l'humiliation et enclin à fabriquer une idole avec tout ce qui le blesse, l'opprime ou le glace?

... Je suis un chien. C'est ma façon.

Et qui est donc celui qui se pique d'insomnie, comme un p'tit roi d'Angleterre, et qui trempe son poignard dans l'encre de sa destinée et cuve ses crimes, et plus encore ceux qu'il n'a commis qu'en songe?

Ce cerf aux abois qui se mire à la dérobée dans les frayeurs et l'ignominie de la meute,

cet amant triste, ce veuf gai, puis *gay*, puis gaga, ce trublion coiffé un matin par Dada, mais si tu salis ton beau gilet tout neuf, gare à toi, Louis! tu seras puni par Maman, au piquet mon garçon!

Et que je me drape dans mes erreurs, et que je farde mes agonies, en me mordant le pouce, et que je plaide obstinément coupable!

L'infini, est-ce aux antipodes du bonheur? Et comment, par quelle bizarrerie, cette forte tête finira-t-elle par s'engager, au-delà des écueils et des songes que son cerveau invente, hordes! brumes! légions! sur une voie étroitement sur-veillée?

Je ne sais.

Et, au fond, éperdument, je m'en fiche, je répugne à toute hypothèse définitive, grave ou sensée, sur la question. J'aime tout, abusive-ment, dans ce que j'aime. Et quand on aime, même si c'est mal, il faut le crier, sinon le cœur éclate.

Ecrire, vivre, se perdre, soupirer, jusqu'à la parodie, *sentir* sa douleur, la connaître, l'aimer, le temps de dire : hélas ! *Déchausse, déchausse ta douleur, pantin...* Honneur malgré lui à qui l'ose, cela.

Quoi encore ?

Des frémissements de caresses et de draps, des frôlements, des amours ancillaires et des privautés bourgeoises, une chuchoterie de maison close, bonjour Messieurs ! ces dames vous attendent au salon, Blanche ! Ninette ! Manon ! réveillez la négresse au cas où, n'est-ce pas, nous avons un sous-off de la Coloniale[1] !

---

1. Aragon n'a été, bien sûr, ni le premier ni le seul à flairer dans la prostitution et dans les bordels d'antan ce mystère, ce tourment, que Flaubert, incapable de l'élucider, décrit en apôtre dans une lettre à Louise Colet (1er juin 1853) : « C'est peut-être un goût pervers mais j'aime la prostitution et pour elle-même, indépendamment de ce qu'il y a en dessous. Je n'ai jamais pu voir passer aux feux du gaz une de ces femmes décolletées, sous la pluie, sans un battement de cœur, de

Des relents d'aveux, des pitiés aveugles, des pardons.

Des impudeurs fières, des solennités honteuses et balbutiantes.

Des saveurs défuntes, des miels venimeux, des essences qu'on ne trouve qu'en soi.

Et puis, au-delà de ces belles fleurs de cimetière, une certaine idée de la littérature que j'appelle, que je réclame – dites-moi, s'il vous plaît, que je ne suis pas seul – comme une épave d'or au fond de l'Océan.

L'aventure, enfin.

---

même que les robes des moines avec leur cordelière à nœuds me chatouillent l'âme en je ne sais quels coins ascétiques et profonds. Il se trouve, en cette idée de la prostitution, un point d'intersection si complexe, luxure, amertume, néant des rapports humains, frénésie du muscle et sonnement d'or, qu'en y regardant au fond le vertige vient, et on apprend là tant de choses! Et on est si triste! Et on rêve si bien d'amour! Ah! faiseurs d'élégies, ce n'est pas sur des ruines qu'il faut aller appuyer votre coude, mais sur le sein de ces femmes gaies. »

Il me plaît qu'à l'anathème de Breton et de ses amis, condamnant *la poursuite isolée de la stupide aventure littéraire*, en novembre 1926, Aragon réponde à tout hasard dans une revue, *La Révolution surréaliste* n°8 : *Moi l'abeille j'étais chevelure.*

On s'impatientera longtemps encore de la longueur de ces phrases, périlleux soleils, que ponctue seule une divine cadence.

Exemple : *Oh dit le groupe de l'automne qu'est-il advenu de la chanson commencée dans la lingerie tandis que s'éteignait la pipe de celui qui attendait auprès de la fontaine la bonne maladroite et charmante dont je n'ai fait qu'apercevoir le visage tentant et pur par la croisée C'était une chanson de lavande et de routes On avait reconnu à ses cheveux l'enfant La douce source au versant de la fatigue jouait un rôle de premier ordre par une semblable chaleur Des bras nus à damner les vipères passaient le long des arbustes en fruits On avait tant cherché à oublier les femmes Elles revenaient soudain pour se venger Les deux vieillards sans nez de l'hiver tirèrent alors les rideaux de l'alcôve Dans le bénitier trempait un rameau flétri Pourquoi les pas des servantes sont-ils muets* (DI, 524).

Automne, chanson, lingerie, fontaine, visage tentant, lavande, routes, enfant, bras nus, vipère, alcôve, bénitier, servante, etc. Un conte, un roman, un poème, comme vous voulez.

On n'en a pas fini avec ça.

Il est tout de même vexant, pour nous, je veux dire : nous Français d'aujourd'hui, de penser qu'en 1927 tout est déjà écrit et joué, et que notre siècle s'est vidé d'un coup de toutes ses promesses, brûlant étourdiment sa ration d'infini, épuisant au gré de ces années-là son génie et jusqu'à ses aptitudes au déclin.

Dur, après toi, Louis, d'*être absolument moderne*.

Mauvais début.

Vivre !

Quelque chose se sépare de nous jour après jour, quelque chose nous quitte. Nous prenons la place de nos pères. N'est-ce que cela, notre jeunesse ? Une ombre, un pressentiment de ce qui s'éloigne déjà, un déclin.

Une force qui rêve et qui rit.

Un peu de fard, deux doigts de songe et de

nuit d'été, être, ne pas être, tout est dit et l'on vient trop tard, etc. Certains refusent de grandir : ils s'appellent pour toujours Hamlet, Perdican, Léonce de Büchner ou Platonov. Ils ont posé le doigt sur le grand ressort du joujou humain, ils ont commis une faute contre le temps, fatalité ! farce ! tragédie ! vieille rengaine, chère chanson, ils ne connaîtront que la Sœur ou la Mère, jamais rien de la Femme.

Des héros, on les appelle, je ne vais pas développer.

Là, non. C'est une comédie qui finit mal, Aragon : je ne sais quoi de cruel, de blessé, mais dans une teinte burlesque, et qui fonce fâcheusement avec l'âge. Il y a quand même une différence entre un héros et un clown, non ?

N'empêche que.

Ce *n'empêche que* m'intéresse, je le veux tisonner. C'est là, dans cette brèche aride et sans lendemain, là où tout se gâte, dès le commencement, qu'il me vient l'envie de tourner en rond.

Si vous avez mieux à faire, je comprendrai.

Aimer !

Je ne demande rien d'autre à un écrivain.

Il y a ceux qui charment sans trêve ni raison et ceux qui emportent, il y a ceux qui ne nous lâchent pas, ceux qui nous quittent, adieu sphinx et pieuses gourgandines ! et ceux qui nous forcent à grandir, ceux qui nous repêchent quand on coule, ceux qui nous calment, et qui nous inquiètent, d'une lame inhérente, d'une lame fine et glacée sur la tempe, d'un ongle de velours, et ceux qui nous accompagnent en toutes saisons, et par tous les temps, je parle des écrivains qu'on préfère, je ne parle que de ceux-là.

Et puis, parmi eux, soudain, il en est un qui paraît, comme un étranger, dans sa primauté dansante, dans une langue qu'on croyait morte, qui se détache du cortège et sort du rang. Pour moi, aujourd'hui, et sans l'ombre d'un doute, c'est lui et ce n'est pas un autre : Aragon.

Quoi, le tovaritch en robe de chambre, le chantre de la Guépéou, l'éternel fakir en lévitation sur sa planche à clous! Non, tu ne nous feras pas croire à la fortune cachée du Marquis de Carabas. C'est un cadavre que tu déterres. Pas défendable. Pas toi.

Si, moi.

Il avait la passion de ce qui commence : aube, fleur, incipit.

Il n'était pas de mon bord, et après! ni du vôtre ni du leur. Il campait toujours sur une autre rive. C'est ainsi qu'on perd tous ses amis. Ô Louis, ta mémoire est un sépulcre où pourrit le cœur de tes camarades : âmes sœurs, faux jumeaux, frères ennemis :

Je ne vous étais rien, mes amis, rien de rien. Et vous, détournez-vous, qui prétendez avoir gardé ma mémoire. C'est vous, c'est vous que je fuis seuls. Je vous défends de m'aimer... (DI, 536).

Et toi, Louis, qu'est-ce que tu te crois? A chaque fois, la partie se joue à qui-perd-gagne, à la roulette, *russe* si vous voulez, entre lui, lui seul, contre le reste du monde.

Oui, oui, je vous entends, sa doctrine, et je ne parlerai ni du communisme ni du surréalisme ni d'Elsa, ou si peu, qui ne lui furent jamais ni un chemin ni un obstacle, étant écrivain et romancier, ou bien qui furent les deux — sa doctrine, disais-je, n'est pas sans reproche. Et, oui je sais ! il ne faut pas compter sur lui pour nous relever, pour rompre avec cette manie, si déplorable, si nôtre, si moderne, de protester, de revendiquer, de mentir : *Je te déteste, univers.*

Holà !

Ce n'est pas lui, franchement, que j'attendais.

Pour ma génération, la messe est dite : au feu ! feu sur Aragon ! *Feu Aragon* : tiens ! voilà un beau titre, et qui lui va comme un gant, point final.

Il lui manque même, le pauvre, cet ultime recours de l'écrivain : être méconnu.

Il court sur Aragon une rumeur indésirable et attirante à la fois : peut-être ce nom même a-t-il enchaîné pour toujours le poète à je ne sais quels grelots, quels prestiges, quels canons de détresse, Teruel! quels traîtreux attraits de sierra, et je ne sais quel charme emprunté aux ors dominants de l'Espagne. Beau masque, royal, très-catholique, mais celui-là, ni toi ni personne ne peut te l'arracher.

Rien de plus trompeur, pour un écrivain, que d'avoir trop vite un nom qui sonne, un peu trop haut et trop clair de surcroît.

Rien d'encombrant comme une certaine renommée. *Nous autres, artistes, nous n'arrivons à la célébrité que par la calomnie*, aimait à répéter Giuseppe Verdi, qui connaissait la musique et savait le secret de toutes sortes de trompettes.

Aragon, vraiment? Je vais tenter, je ne sais comment, de dire pourquoi.

A travers lui, c'est à vous, jeunes gens, que je m'adresse : plutôt que de m'étendre sur la vulgarité du monde où je vis ou sur mon impuissance à le supporter, je vous écris, sans l'illusion de m'en délivrer, et je vous envoie ce livre comme un coup d'épée dans l'eau.

Je ne cache pas que j'ai l'espoir de vous plaire et de vous entendre hurler.

Je jure que je ne vous enseignerai rien.

Aragon non plus, Dieu merci! ne nous enseigne rien.

J'ignore où prend sa source la constance éblouie de la prose.

Je ne suis pas sûr de vous distraire.

Je vous promets seulement de vous écrire, comme il faut, *dans une confusion sans dessein*, comme dit Pascal (plutôt que *par un dessein sans confusion*, comme dit Lautréamont), je veux dire : pour rien, en pure perte, pour la beauté du Geste.

Je ne vous demande pas de me croire.

Il ne s'agit justement pas, surtout pas! de croire.

Après ces préambules pompeux, que vient-il? Je suspendrai comme la vigne vierge au balcon l'attention du lecteur au moyen de facéties médiocres, je prendrai mon plaisir à le savoir furieux. Il se demande si je suis ou non sorti de mon sujet. mais que sais-tu de mon sujet, Français au nez pointu ? (DI, 533)

Dieu, pour qui se prend-il !

On devient, en lisant cet auteur *défendu* — et dans tous les sens —, le contraire d'un adepte.

Soyez donc des lecteurs, pas des adeptes.

Avec lui, on s'absente, on s'éloigne de son camp, n'importe lequel, on désapprend de croire. On rend sa carte, on se désabonne. On se défie du Diable, qui nous effleure de sa queue fourchue, comme de la croix de l'Exorciste. A caresser un Monstre, on s'affranchit des suffrages, on acquiert, enfin ! de la froideur, on s'abstient de tout élan salutaire.

On perd jusqu'au don de blâmer.

Savoir sur quel pied danser, l'unique sagesse ! tout est là. Sur ce chapitre, Aragon est servant, souverain jusque dans ses peurs, ses surdités et ses cillements, mais pas comme on l'imagine : il n'a à nous offrir que des transes suspectes, des mensonges, des mauvais pas.

Qui songerait un instant à s'emparer de ce bréviaire pharamineux et de ces intrigues qu'il nous bricole en riant sous cape et en se pinçant lui-même les narines ?

Qui serait tenté de le suivre, de reproduire et d'imiter ses exploits, sa geste piteuse ?

Aragon est tout l'opposé d'un guide spirituel, d'un gouverneur d'âmes.

Appelons les choses par leur nom : c'est un dépravateur.

Une planche pourrie.

Ce n'est pas lui qui a commencé, c'est le Charmeur de rats : Arthur Rimbaud, bien sûr.

Imaginons que ce soit la guerre (mais pas avec un autre pays, non, une vraie, une guerre civile) : Aragon sera l'ennemi — le plus proche et le plus grotesque.

Mieux, si j'ose dire, et on ose le dire : l'espion, le traître, l'agent du pire, par excellence.

Avec qui pactiser, sinon avec l'Ennemi ? Et quoi de mieux, pour voir clair, qu'un mauvais exemple ? On le sait au moins depuis les errements d'Œdipe et ses cousins, tous facteurs de frasques et d'embûches, qu'ils se croient Faust, Elvis ou Marilyn.

Quelqu'un s'avance vers nous d'un pas ivre et dansant. Quelqu'un parle pour lui, oh! très méchamment, en se barbouillant le visage d'un petit rire sardonique. Et pourtant je ne suis pas sûr qu'il soit si plein d'ironie, dans son désespoir, n'étant pas un dieu.

C'est une expérience. Puisque décidément l'action n'est pas la petite sœur du rêve, il nous reste cela : il ne s'agit que de lire, ce qui est encore permis, je crois, sans pour autant être une obligation.

Je continue.

Ceci est un pamphlet à rebours. Un pamphlet amoureux et rêvé, une fraternelle dénégation, un libelle trébuchant et sonore, et cela semblera au sujet d'Aragon insupportable à beaucoup – à l'image du jeune homme qu'il fut. Ce jeune homme m'intimide : il ne m'est ni un ami, ni un maître – quel mauvais maître ce serait, je le redis, mais je n'en connais pas de bons, ils sont toujours si lointains ou si proches !

Je le crains, je le subis, je voudrais l'écarter mais il ne me quitte pas, pourtant je ne peux pas le voir, surtout en *peinture.*

Je ne l'aime pas. Si je l'aimais, je devrais lui cacher mes sourires les plus cruels.

Pas un livre de spécialiste, même si l'amour, surtout l'amour déçu — ou, si l'on veut, le ressentiment, le ressac blessé et revanchard du sentiment — rend spécialiste. Je n'ai pas cette force.

Pas un témoignage. Je n'ai pas connu Aragon, Dieu merci. Je l'ai croisé une fois, dans les années soixante-dix, au théâtre, à Ivry, je crois, c'était *Phèdre... Je le vis, je rougis, je pâlis à sa vue,* il a dormi ! *mes nuits sont plus belles que vos jours,* pas de doute, Arthur ! *après Racine, le jeu moisit,* mais ce soir-là, vieil Endymion, Louis Aragon a dormi, je le jure.

Je me souviens qu'il était beau à voir, vraiment, dodelinant entre deux jeunes camarades, mais je n'ai aucun détail à conter : *Aragon me regarda, me sourit et eut ce mot : si je te disais, petit,* etc. Ce genre de récit abonde : *Sayings and doings.* Pas de ça! Amis, bonnes âmes, secrétaires, voisins de palier : il n'y a que de faux témoins.

J'écris présomptueusement, ça ne pèse pas lourd et ça ne servira à rien, je le répète, je cède à une *aberration de piété,* je plaide coupable, comme lui, je suis atteint d'un don d'irrémédiable insuffisance, d'une sorte d'abstraction, qui me refroidit, qui me protège, et je m'en vante. Je ne ferai pas un pas, mariole va! vers la pure et banale vraisemblance. Je préfère demeurer dans l'incertain — je ne dis pas l'intouché. Moi-même, je ne suis ni pur ni vierge.

Le mérite d'Aragon — ce qui n'est pas : son renom, sa gloire — demeure intrinsèque, étranger à toute forme de consécration. Je sais bien que j'achève mon livre, parmi une flopée d'hommages et une théorie de loupiotes, au moment précis où l'on célèbre le centenaire d'un écrivain français, de tous ceux nés à Paris un 3 octobre et baptisés à Neuilly-sur-Seine, le plus célèbre, j'aurais préféré avancer tous feux éteints, tant pis pour moi !

Louons maintenant les grands hommes... Je suis prévenu comme vous contre ces grands-messes à la mémoire de nos Pénates qui prétendent en gros, et même en très gros, lutter à renfort d'encensoir contre nos facultés d'oubli, qu'y puis-je ?

On sait ce qui nous attend, à la une de nos magazines. Cent bougies pour le Vieux, souf-flez enfants ! Aragon et la France, Aragon et nous, Aragon notre contemporain, comme on va s'émouvoir ! Que nous dit l'œuvre de cet ancêtre ? Qu'il y a eu la guerre, qu'il y a plusieurs sortes d'amour, qu'il y aura la révolution, qui dit mieux ! Ce qui est advenu, ce qui ne peut advenir, ce qui adviendra, dans l'ordre que vous voulez, et en chamboulant les facteurs, si ça vous chante.

De ta vie on va se partager le Remords et la petite gloire et l'on croira, accourez ! voir le siècle, alléluia ! De celui qui s'éloigne et qui parfois te ressemble, de celui qui a gravé ton nom sur le sable, ce sable où vivent les vipères et croît l'ortie, on va nous montrer la statue pétrifiée et stupide :

Moi qui mesure à cette heure l'inutilité de toute autre chose que cette protestation, là, dans la gorge, quand l'air s'y étrangle, et monte en vous la grande stase du sang comme une invasion de sable... Ce sable auquel, on ne sait pourquoi, moi non plus, au paragraphe précédent, sur sa fin, j'avais éprouvé l'étrange besoin de faire appel, ce sable où l'on doit si bien dormir (TR, 443).

Dormir, tu rêves ! Dans ce festin de Thyeste, tu seras le Commandeur de pierre, tu seras les dents de Minos et la proie de l'éternel Vautour, le *falun des rêves*, tu disais, dans la gueule du Monstre, qu'ils en crèvent tous ! les médias, les convives, le temps, ogres ! Bal tragique à Saint-Arnoult : un Mort, salauds ! Pas une miette de ton cœur, Louis, à laquelle on ne fera honneur.

Pourquoi es-tu triste? Tu vas être, oh! pas longtemps, roi de ces temps lapidaires.

On va s'incliner, se prosterner, ce n'est pas la meilleure position pour te lire. Mais d'un autre côté, que peux-tu espérer? Le crible de la postérité d'où coule goutte à goutte le sang, mais non! le pipi des siècles, le Lagarde-et-Michard du IIIe millénaire, la mort lente, l'oubli, non merci! par ici le mausolée, par là la fosse commune, non merci! moi, je ne vais pas me croiser les bras, je n'ai pas la force de me taire, vieil idiot je suis! je n'ai pas confiance dans l'humanité ni dans le patrimoine ni dans le progrès ni, horreur! dans mes propres enfants.

Dieu sans doute reconnaîtra les siens mais les nôtres, le mien! qui va s'en occuper?

Je rêve, pour Aragon, d'un éloge impitoyable et fraternel, d'un hymne moqueur, d'un chahut, d'une forme douce de la diffamation qui s'enflerait en ovation soudaine. Rien de dicté, que du soufflé: des murmures et des verres qui se brisent comme un éclat de rire. Rien de pesé ni de décent ni d'équitable.

Une prosopopée, pourquoi pas, en latin, d'Eglise ! d'accord, là, j'exagère un peu, mon éditeur n'a pas mérité cela. Disons pour rassurer : un portrait, plusieurs portraits, grimés, sans suite, méconnaissables, comme ceux que crayonna Matisse.

Pas une biographie : on l'attend depuis belle lurette la biographie, on l'attendra toujours, saint glin-glin, bon Gallimard, priez pour nous.

Pas une biographie : on se sent d'humeur moins artiste que vandale, voyez-vous, on ne va pas passer le plumeau dans les tiroirs, trier le beau linge et ranger sur une étagère les pots cassés de la légende, dans l'ordre chronologique. Au moins si j'ai tort, ce n'est pas Aragon qui me contredira : les faits et gestes, les dates, la chronologie, il est tantôt pour, tantôt contre, que chacun se débrouille.

Pas une biographie : on n'aura jamais l'*auto-*

risation qu'il faut, saint Jean Ristat, frère tourier, gentil dragon de la sainte grotte, allô, fier ange, tendre goujat, m'entends-tu?

Pas une biographie : une tirade.

Un devoir d'hécatombe.

D'ailleurs, on ne sait rien d'Aragon.

Pitié, pour ses biographes!

Lui a toujours su, je crois.

Avec certains que j'admire et qu'on découvrira, chemin faisant, je voudrais même dans le désordre rivaliser de sincérité froide.

Je vais me répéter, me contredire, suprême opprobre, j'ai le goût de la discorde, j'accours à la querelle, je revendique la clarté de ce litige. Je suis l'ennemi juré de la tendance et de la secte : adulateurs, *groupies*, fidèles, *supporters*, je vous hais.

Je me débarrasserai de la logique, adieu mon Talmud! mes aïeux! mes enfances à l'ombre fraîche des mains de patriarches!

Je ne serai avare ni d'invectives ni de louanges. Notre époque est finissante et confuse, je ne suis pas plus serein, aussi *serin !* qu'un autre : je respire ma part d'orage. Je serai ridicule, implicite, je vous préviens ! éclatant, inactuel, je le veux ! lyrique. Qu'est-ce qu'un lyrique ? Quelqu'un qui chante.

Alors, chante, *pantin*, chante si tu l'oses !

— Ça commence, bravo ! on le sait pourtant, jamais un point d'exclamation dans une phrase avec le verbe : *chanter* !

Oui, entre tous, dans ce siècle, je préfère Aragon. Je l'élis, je l'oins, je le mitre, ô mon contemporain capital ! et j'en rajoute car il faut, en de rares circonstances, quand même ! être capable de cérémonie, répandre en toute intimité le lait et le miel.

Auprès de lui, tout Cioran me paraît fade.

Je ne dirai rien des autres, ni de ces soi-disant novateurs, écrivains ou critiques d'aujour-d'hui, qui, d'une expérience radicale, sublime, mais avortée – je parle bien sûr des fragments disponibles de *La Défense de l'Infini, roman* –

sont enclins à souligner les limites tout en s'attribuant des audaces qu'ils lui ont volées. Non, pas de temps à perdre.

Mais je prétends qu'ils lui doivent presque tout.

Triste sire, traître mot

Crachons veux-tu bien sur ce que nous avons aimé ensemble.

La Grande gaîté

Aragon demeure celui qu'on préfère haïr. Pourquoi? Est-ce pour lui la seule façon d'exister?

Commençons par le poète car celui dont je parle est poète :

Le plus grand poète de notre temps, c'est Aragon. Un des plus grands prosateurs de notre temps, c'est

Aragon. *Je mets Eluard et Char bien après Aragon... Il y a quelque chose qui m'irrite dans cet attachement pour Aragon. Alors quoi! On démolira tout et seul Aragon qui n'a pas fait preuve, ce me semble, tout au long de sa carrière, d'un tel respect pour... et cætera!, échappera au naufrage et à tous nos carnages! Il n'y a pas de justice là-dedans... Je me suis interrogé là-dessus et j'ai trouvé deux réponses.*

La première, c'est le talent. Aragon a du talent et il a peut-être du génie... Dans Elsa *encore, que j'aime moins, beaucoup moins que* Hourra l'Oural! *qui était communiste et sublime ou que* Je te salue, ma France *qui était résistant et sublime ou que* La Diane française *qui était patriote et sublime ou que* Le Crève-Cœur *et* Les Yeux d'Elsa *qui étaient classiques et romantiques et sentimentaux et pompiers et tout, et tout proprement sublimes — dans* Elsa *encore, j'ai trouvé de beaux vers.*

Mais la seconde réponse, c'est la peur. Riez toujours, si vous voulez. A tous comme à moi, Aragon fait peur. Cette Terreur dans les lettres dont parlait jadis Jean Paulhan, je me demande si Aragon ne la fait pas régner aujourd'hui dans nos cœurs fascinés. Nul plus qu'Ara-

gon ne fait peser sur nous, avec un mélange inextricable de violence et de séduction, des charmes qui nous glacent, nous séduisent et nous mettent à peu près hors de nous-mêmes. Etre poète, c'est sans doute cela. Aragon est poète »

Qui parle?

C'est oracle, cela, comme dirait Arthur.

Ce compte rendu d'*Elsa* publié dans la revue *Arts* (4 mars 1959), sous la patte de lièvre de Jean d'Ormesson, a pour moi un fumet de sentence et de lutte finale :

ARAGON EST POÈTE.

Fermez le ban! Ce prestige un peu louche : le génie, la peur – Dieu! que tu leur as fichu la trouille, à tous, Drieu, Breton, Thorez, ta mère, tes amis, tes camarades, tes biographes, tes thuriféraires et tes détracteurs, tous sauf peut-être Elsa, la peur, donc, alliée à des charmes qui nous glacent, tout est dit, rompez, jeunes gens! car, je le redis, c'est à vous principalement que ce discours s'adresse.

Poète, en un mot.
Tout le reste n'est que feuille morte.

Dès lors, ce livre, cet opuscule, né par accident, il me coûte de l'avouer, ne pourra que se perdre dans des parages infimes et subsidiaires, au gré du vent, oui, le *vent de l'éventuel,* la part heureuse du vent mauvais. Je ne promets ni des visions ni des révisions, toujours déchirantes. On est empli de vent et d'arrière-pensées. On ne fera que nommer, ce qui est un moindre risque, même si, comme disait quelqu'un, Camus, je crois, et je cite Camus parce que cela me plaît : *Mal nommer les choses, c'est aggraver le malheur du monde.*

Mais je n'ai aucune extase, moi ! aucune excuse.

Je ne suis doué que pour le bonheur.

J'ai des goûts simples, je n'aime que les histoires d'amour un peu (mais pas trop) contrariées.

Au fond, je ne sais pas de quoi je parle ni ce que parler veut dire : j'écris, je vois, rouge, forcément ! j'écris là où ça me lance, là où ça me brûle, d'un feu qui ne s'éteint pas, me croyez-vous ! Aragon sent le *roussi*, comme Arthur !

Si j'écris avec l'inébranlable résolution d'être superficiel, cela va sans dire, et parfaitement inutilisable, si je peux, par qui me lira, si je me flatte d'être ridicule, je ne m'exagère pas l'originalité ni le succès probable de cet élan. Je n'ai qu'à réclamer, qu'à redire.

Je ne suis pas sûr, allez ! que mon Aragon existe. Moi aussi, après tout, *je suis trop dégoûté pour peindre d'après nature*, je m'émancipe.

— Dites, c'est bientôt fini, ces prolégomènes ?

— Mais ce livre tout entier, et si mince, n'est qu'une préface !

Bon, si j'osais, j'ajouterais qu'on vous écrit d'un étrange pays, qu'on s'exerce à vous attendre, et qu'on est poli ! Il est temps.

Viendrez-vous ?

Qui est Aragon ?
Un mauvais plaisant, tout le monde le sait,

mauvaise tête, mauvais genre et tout, avec les poings les plus hardis et les doigts les plus délicats.

Le genre à parler s'il faut par un trou de souris mais plus volontiers par la bouche d'un volcan :

Je ne veux pas me préoccuper des conséquences de mes actes...

Et puis quoi encore!

... Voilà pourquoi suivant la province on me nomme Popocatepetl ou Vésuve. Au bout de chacune de mes pensées il y a une catastrophe. Je suis le feuilleton de moi-même... Il me faut pour vivre l'atmosphère brûlante de la consternation : ah passez dans mes cheveux, grands ciels de cendres (DI, 531).

Le genre à omettre la ponctuation, ce qui a toujours navré Montherlant, à écrire des merveilles ou des horreurs, ce siècle confond tout, d'une seule coulée de lave, d'un seul trait de scie, sur la nappe si ça lui chante, et tout lui chante, rossignol! pie! escroc!

des fragments lumineux, des écueils, des processus, des mythes,

des alliés de la panique et de la perdition,

des orages persifleurs,

des songes indisputés,

ô le cygne! (ah le chien!)

que la poésie et pas que la poésie, n'est-ce pas! est scandale,

quand d'autres, en quête de renom, peinent et plient, qui se croient des cloches de bronze, des aigles, à pondre des cadavres appelés exquis, à recueillir des gouttes, sans lâcher leur parapluie, à casser des pierres avec les dents, à soulever une bille en croyant soupeser la Planète, dans le style cucul-la-praline de surcroît, on a beau se lever dès l'aube, hein! Varengeville morne bocage, manoir d'Ango, dodo! doctriner dans l'onirique, ramer dans l'amour fou, rameuter les comètes et s'arracher les ongles, on n'a pas toujours des ailes, à moins de se les coudre, hein!

Pauvre André Breton!

Daudet: *Style de cailloux et d'ornières sèches où les*

crottins se donnent des airs d'escarboucles. Bien vu! D'accord, ce n'est pas Breton qu'il visait le gros Léon, toujours enclin à vous caresser l'échine avec ses souliers à clous et son gourdin d'Ancien Régime. Dommage. Breton ne l'aurait pas volé.

Et Bossuet, écoutez-le tonner dans sa crypte où résonnent les subjonctifs : *Il y a des puissances sur la terre dont le nom même s'attire un si grand respect que c'est en offenser la majesté que de présumer qu'on puisse penser contre elles de certaines choses.* A qui songeait-il? Toujours prudent, l'évêque. Moi, j'annonce la couleur, je le dis par avance, étant adepte de la clarté, André Breton sera ma tête de Turc, André Breton est grave, il est lent, il est vague, il est sabre-au-cul, tout le monde ne peut pas être fils de gendarme, ô je voudrais un mur pour l'écrire en toutes lettres :

ANDRÉ BRETON
EST UN ÉCRIVAIN ÉSOTÉRIQUE.

Au demeurant, féru d'idées plutôt sottes et

dénué de liesse, moins souverain que monarque, enclin à régenter le sort des rats en excluant tous les campagnols.

Avouez que cela donne à penser quand on lit dans *L'Amour fou* : *L'amour sexuel individuel, né de cette forme supérieure des rapports sexuels qu'est la monogamie (est) le plus grand progrès moral accompli par l'homme dans les temps modernes.* Quelle trouvaille !

Style de sociologue, de garde champêtre, de curé avec des principes et des idées larges. Quand on lit ça, on se dit que le Grand Chamboulement n'est pas pour demain et qu'on peut dormir sur ses deux oreilles, non ?

Chérie, ma pipe, mon oreiller, mes gouttes, brave garçon !

Et puis je ne vais pas me gêner pour le clamer car tous les témoignages concordent : André Breton était rapiat, radin comme pas deux. Il y aurait un livre à écrire sur ça, l'avarice leur rongeait le foie, les surréalistes : Tzara, Breton, Dali (mais pas Soupault, qui avait le cœur sur la main).

Des têtes à claques.

De nos jours, Monsieur, les séduqueteurs sont phringués comme Landru... (TR, 249)

Des petits messieurs, des fiers comme Artaban, qui plastronnent avec une canne et un monocle. Contrairement à Aragon, Breton n'a jamais lâché sa canne.

Et on épouse la colère, et on soulève la houle et on en appelle au merveilleux :

Nous déchirons, vent furieux, le linge des nuages et des prières et préparons le grand spectacle du désastre, l'incendie, la décomposition (Manifeste Dada, 1918).

Sans blagues !
Le surréalisme : terreur et vertu. Commentez. Dans deux heures, je ramasse... Ils avaient surtout le souci de leur compte en banque, de leurs sous, ces chéris, ces tigres en souliers vernis, qui rêvaient d'en découdre, en joue ! et que

je pisse sur le cercueil d'Anatole France et que je te prends les ennemis de la Cause par les cheveux, et pif! une paire de claques et paf! un coup de pied quelque part, et que je vais te changer le monde, et fusiller tous les bourgeois de la terre, il y a de quoi rire, non?

D'accord, c'est très bourgeois, de rire.

Au fond, Breton n'avait aucun humour ni noir ni autrement. Si on goûte l'humour, c'est Arthur Cravan qu'il faut lire, pas ce besogneux, ce bégueule, qui se chatouille l'inconscient, à heures fixes, en colloques, en conclaves, en commissions, et se croit universel dans son petit coin. De l'air, par pitié! Ça finira pontife dans un bistrot à fabriquer des bulles à l'intention des rongeurs.

Je résume : un *Pour Aragon* sera forcément un *Contre Breton* et réciproquement.

Sa seule excuse : Aragon l'a aimé.

Breton fut le premier qui donna à Aragon le sentiment d'appartenir : à un groupe, à un clan d'élus, à un parti, déjà. C'est malin!

Je reviens un instant, car il le mérite, à l'article signé par Jean d'Ormesson. C'est un cas, Jean d'Ormesson. Grand seigneur, pas méchant homme, et plus tard, sur son épitaphe, on lira : *Aimable en tout quoi qu'il fît.* Un crack en son domaine, avec du jeu à cœur, une longue à pique, roi, dame, valet, bien joué! il est cinq heures, bonsoir marquise, dansons-nous le *one-step* ou le chachacha? mais non, suis-je las, suis-je bête, c'est un rigodon-dondaine – Jean d'O, donc, beau joueur, bon critique, avec cela, qui connaît le dessous des cartes, très pro, très preux, genou en terre, ne peut, celer son admiration, son envie, sa rage qui affleure, sous l'éloge.

D'Aragon, on ne juge que l'homme, c'est-à-dire : le masque, la poudre, le costume, facile! D'Ormesson, lui, nous parle de l'auteur; il ne tombe pas dans le panneau : le mythe Aragon. Insaisissable, comme on sait – c'est le propre d'un mythe d'avoir de nombreux visages et d'ailleurs, dans une certaine langue, l'hébreu, cuistre! le mot visage (*panim*) n'existe qu'au pluriel. Trublion, pasticheur, dandy, apparatchik, tambour, prélat, valet de cœur, poète de cour, comédien, *comédillain!*, gredin, romancier, critique, résistant, soldat valeureux, mari sans heurt et sans reproche, pamphlétaire, et aussi, pardon! quel journaliste! sorcier, druide, midinette, lequel préférez-vous? Dadaïste? Surréaliste? Communiste? Classique? Comme vous voulez, servez-vous, qui n'a pas son écusson! son effigie! son buste!

De quoi être vert, tout de même, pour un académicien, garçon! de quoi écrire, qui se distingue principalement du regretté Antonin Artaud, oui, le fada de Rodez, en vendant plus de livres que lui à l'angle de l'avenue Raymond-Poincaré et en ceci qu'il n'a jamais cru étourdiment, même dans les pires révoltes de sa prime jeunesse, que l'âme serait bientôt condamnée à n'être qu'un vieux dicton.

D'Ormesson, donc, a du courage, c'est-à-dire de l'élégance et de l'instinct, à élucider cela

qui s'appelle *un mystère d'iniquité* en langue bibli-
que, celle de saint Paul et d'Herman Melville,
par exemple, et la concurrence déloyale d'un
clown dans la nôtre.

D'ailleurs, l'avez-vous remarqué, on peut
darder contre Aragon le joli vocabulaire de
l'infamie – relaps, vieux malfaiteur béat, crapule stalinienne, Orfilat! – et dénoncer l'abjecte
mascarade – encore un cliché –, avec lui, fata-
lement, les mots s'amendent, en douceur, les
injures et les quolibets se retournent et acquiè-
rent subito presto un sens enviable et désiré, à
commencer par lui.

C'est sa pente : il ne la gravit pas, il la dévale,
il y dégringole. Comme il ne s'accepte pas lui-
même, surtout ne vous gênez pas! Tout ce qui
le conteste le confirme. Les insultes, il les sa-
voure, ni plus ni moins amèrement que le reste.

D'Ormesson, donc, a de l'élégance et du
mérite,

enfans, oyez une leçon!

car Dieu sait que les mauvais perdants, les

Salieri de diverses obédiences, les secondes lames, les assassins, les sympathisants de l'autre rive (ce sont les mêmes), les scélérats à cœur ouvert, les chercheuses de poux, les reîtres travestis en lettrés, les abréviateurs, les pions empêtrés de réticences et de feintes, les crieurs, les caissiers, les gobe-mouches, les jeteurs de sorts, les colporteurs d'encens, les fripons émus, les ânes à reliques, les *flaireurs de bidet*, les kantiens tristes, les symbolistes envieux, les facteurs, les speakerines, tous ces gens-là abondent, dans la presse et dans l'université, car nous sommes en France.

Et les postillons qui fouettent les citrouilles en attendant un carrosse, les marchands de tapis en quête d'Orient qui se prennent pour des rois mages. Et ceux qui éternuent en regardant le soleil et qui se croient Phébus. Et les crétins extasiés qui songent à se rajeunir dans la cruauté, et les cracheurs de guillemets, nous tous en somme, nous ! oui, vous et moi, pitié !

On a toujours tort de prendre ses désirs pour une vocation. C'est l'époque qui veut ça.

On peut bien brandir ses griefs et ses poings, et la framée de Vercingétorix, et le bâton de justice de Saint Louis, et trépigner sur le pont Mirabeau en récitant Apollinaire, Maïakovski, qui vous voulez ! à droite comme à gauche, surtout à gauche, il faut bien dire, où l'on ne peut quand même pas l'ignorer, Aragon nous oppose, avec ses flagrants délits d'oraison, la somptuosité de ses termes, son impunité radieuse, sa suprématie.

Né coiffé, dans la douleur ! L'infini mène à l'amour. L'amour va à la douleur. Et la douleur à la douleur. Comme tous les pitres maquillés en maudits, Aragon se croit prédestiné. Et, à sa façon si douteuse, tout en reculades, il le prouve.

Triste sire, traître mot.

Cette immunité est un scandale. Jean d'Ormesson a raison, il n'y a pas de justice là-dedans !

Se taire, le lire.

C'est ce qu'on devrait faire avec lui au lieu

de croire les journaux et d'avoir une *opinion*, comme tout le monde. Car tout le monde, n'est-ce pas, a une opinion sur Aragon, une version, une *aversion*. On le vénère, on le cloue au pilori, parfois ce sont les mêmes, c'est ainsi qu'on fabrique une religion, qu'importe !

Se taire, s'abstenir.

Oui, c'est ce qu'on devrait faire, il y a tant de sots auteurs et de méchants ouvrages, faut-il que je risque d'en grossir le nombre ?

Trop tard.

Rimer

Sa victoire est verbale. Ça crève les yeux, le papier, l'écran, ça crève le cœur.

Sa victoire est systématique. *Heureux les systématiques!* clamait Péguy mais il avait une de ces façons de les plaindre, avec une charité dans l'accent qui vous flagelle comme l'extrême douceur de la vacherie. Voilà un maître d'école.

Pas toi, Louis. Non, pas toi.

Comme une fleur, comme un roman, comme une rose, d'ores et déjà flétrie, blessée par le jour, tu parais dans le siècle, expirant avec ardeur ton cruel arôme, et brisant d'un baiser la distance, l'abîme qui nous sépare de l'amour courtois.

Comme Marot à la cour de François Ier,
Dedans Paris, ville jolie
Triste sire d'une très vieille France.
Jongleur d'une vieille chanson.

Si je me plains, ce n'est pas sans matière : est-ce Aragon, transi par une belle matineuse, ou Marot, dans les rudes saveurs et les pâmoisons de son *Adolescence clémentine*? C'est une question que je vous pose. Et lequel des deux est le plus souffrant, le plus habile?

Roi de ses douleurs, qu'il disait, Louis le Fol, ne sachant raison garder, se mirant en douce dans un miroir de méchante reine ou dans une armoire à glaces, réprouvé, intact, louvoyant, trouvère impuni et fier de ses cabrioles, tranquille comme Baptiste, sûr de sa rescousse,

Maïakovski m'aimait beaucoup, savez-vous?

A moi, les beaux parleurs, Conon de Béthune, sieur de Coucy, Thibaud de Champagne, roi de Navarre, ma lignée, ma dynastie, mon sang, mon encre, mes devanciers, mes maîtres ! bien sûr qu'il les a lus, même Breton en était épaté, il a tout lu et bien lu, sauf peut-être Voltaire qu'il juge *la dernière des saloperies*, mais ça, c'est à cause de son père-parrain-tuteur, Louis Andrieux, un drôle de coco, on peut le dire, pure incarnation du bourgeois voltairien, ricanant et charmeur, et dans ce cas-là, *la dernière des saloperies*, entre nous, c'est bien vu.

Cierges, encens, sauve-qui-peut, trahisons, soufre, épopée, reniement,

c'est comme vous voulez,

ce soir on improvise,

Avec tout le saint-frusquin, brevet de chevalerie, sceptre, marotte et barbe à papa.

Hélas, Madame est morte.

Elsa, tradéridéra !

Je ne suis pas un cruel pourtant..., c'est toujours ce que disent les bourreaux, à leur procès.

Zéro de conduite, pour commencer.

Poète, donc.
Enragé volontaire on dirait.

Déjà, je vous entends vous esclaffer, car je vous connais, lecteurs avides, frivoles, friands de saletés, oui! et vous, les cruels : comment parler aujourd'hui de poésie sans sombrer dans le ridicule? Et puis la France, mais elle s'en fiche, la *Phrance!* de la poésie, et les poètes, quand on s'y intéresse, on étudie leur cas, on les expédie dare-dare à l'hôpital, au tribunal, au gibet, au bagne, voleurs de pain!
Je sais, c'est ridicule, d'être si sensible.

N'empêche que ça conspire dans l'effroi et ça chante, ça rime,
ça rime, camarades!
Villon, Piaf, Apollinaire ou Trenet,
il pleut, il pleut, ma chère! O tour Eiffel, on ne sait pourquoi, ça vient du peuple, la rime, ça vise au cœur, en proverbes, en chansons, ça se réitère, ça s'enfle, ça se remémore et ça gagne la rue, même en boitant.

Pourquoi Breton n'a-t-il jamais voulu piger ça ?
Il faut le pied fin pour chausser ces sabots
dondaine.

C'est rigolo, la rime.
Compère renard, doux Desnos, Torugo ! à
moi !
Gal, amant de la Reine, alla (tour magnanime)
Galamment de l'arène à la Tour Magne, à Nîmes.

Et ça retombe en pluies, en réminiscences,
en lumineuses parcelles, Orléans, Beaugency,
Vendôme, envolez-vous mes hirondelles, et ça
remue ma mie ! au cœur du cadastre et de l'oubli, ça rue, mes aïeux ! et ça s'agenouille, Je vous
salue Marie, une femme, toutes les femmes, *Je*
vous salue ma France aux yeux de tourterelle, assassins !
flics, cantiques,
aile, elle,
Elsa, ça.

C'est très vierge et très compliqué, la rime.

Il y a trop de douleur, il paraît, il faut cela, la rime, pour l'atténuer, pour continuer à respirer.

Et, quand on peut, à rigoler en douce.

On se dit qu'il ne va pas tenir longtemps, le troubadour, le sigisbée dans son pourpoint cramoisi et piqué de perles, mais ce sont des larmes! l'enjôleur, le drôle, avec sa complainte et sa mandoline.

Si! *dentelles des labeurs, vin blanc des soirs légers*, il tient!

Lyrique!

Enfoncé, l'Oulipo!

Aragon, c'est Ronsard, d'Aubigné, Maïakovski le prophète, ne vous en déplaise, et la demoiselle Scudéry, tout en un, tout en une, *vise un peu cette folle avec ses souliers montants!*

doux gredin qui cambriole les airs de la poésie andalouse,

opine selon les brises de Bretagne,

suce le sang maure oublié, le lait noir de l'infidèle Europe, qui palpite aux bornes de l'Espagne, et s'enjuive avec icelle,

et qui joue de l'oliphant,

Roland, Olivier, la belle Aude,

puis s'enturbanne, félon ! contre de l'or,

blasonne, enlumine, abrège,

s'acoquine, en vieux françoué, avec les ombres fortuites de Jeanne la Pucelle et du Guesclin,

et qui enlace la faucille et la fleur de lys, la lyre et le marteau,

et qui vous embobine,

car il est un peu fée et même un peu clochette : Louis de Brocéliande, bonjour Madame, voici ma carte !

et qui pique à Verlaine ses godillots bénis et son costume du dimanche, sa belle chasuble d'enfant de chœur, avec une cocarde brodée à la place du cœur, du bleu, du blanc, du rouge, pauvre Lélian,

et qui dénonce la guerre, la panique,

(il y a dans ta voix une sorte de panique, Louis, de tremblement)

Tartempion en Iliade,

le nord perdu, le désorient, le désastre, le rire grelottant des crânes parmi les boues mangeuses d'hommes,

mais comment fit-il Guillaume, pas le Kaiser, non, Guillaume Apollinaire! pour préserver ce don d'enfance dans cette mistoufle, parmi la crue de cette universelle Colique?

Dieu que la guerre n'est pas jolie! la Der des Der ils disaient, moi mon colon, celle que je préfère

Pas lui! Non, pas toi Louis!

Absence abominable absinthe de la guerre

Et pourtant, je n'ai pas rêvé, tu chantes bien la patrie, c'est ton côté rantanplan, blés mûrs, colline inspirée, vous-n'aurez-pas-l'Alsace-et-la-Lorraine.

Pour-qui-sonne-le-glas, *pourrir pour la matrie*, tu as bien dû la faire un jour, celle-là,

et Paris, la capitale de la France,

Le Panthéon surgit là-bas comme un scaphandre,
Est-ce Troie ou Paris la Seine ou le Scamandre

Et tu nous tires des larmes et tu nous exaspères avec ton semblant, ton masochisme, ton épaule offerte en chantant au supplice, à la saint Sébastien, mais c'est nous qui sommes vaincus, on l'a dans le chou, dans le *baba*, comme disait Duclos le pâtissier, le cœur percé de flèches, irradié par la lune.

Ecartelez-moi! et allez donc!

c'est dans ce que j'aime que je gémis, c'est dans ce que j'aime que je saigne!

et hoplà! je m'enchaîne, je me déchaîne, je suis le *supplice de la supplication*, la *plainte informe*, le *gémir de ne pas gémir.*

Aragon qui tutoie Maurice (Thorez, pas Chevalier) et tous les Pablo de la Révolucion, embrasse le siècle, baise la France aux pieds, oh les plaies qu'elle a,

esclave de l'amour

valet de cœur,

et qui s'aveugle et qui s'endort auprès de ma blonde, auprès d'Elsa-le PC, Elsa-le PC, Elza-lepécé, insensé que dis-tu?

le tout cousu d'or et de fil rouge, en vrac, en apothéose, en solde, la Révolution, la Commune, le Congrès de Tours,

Quand au Congrès de Tours parut Clara Zetkin, Marty, les Mutinés de la mer Noire, Potemkine, ahimé! kalinka! ollé!

Pas de nostalgie, oh non! pas de prisonniers, pas de promesse, pas de pardon, tout est là, tout s'accomplit dans ce cloaque pétri d'azur, aux plus bas étages de l'abandon, miracle! dans le jet et la retombée de la prose, divin Enfant! dans la vomissure de la poésie.

Trouvère, à quoi ça rime?
gerbe d'or et d'encens,
salive, foutre, sang, Minnesang,
météores, mers, fables,
shrapnels,
phrases d'ébène, langue de bois précieux,
douleurs qui ne sont qu'à moi!

Est-ce que quelqu'un jamais a songé à faire un dictionnaire des douleurs? ah, pardon, c'est vous qui

posez les questions! Les miennes ne vous intéressent pas (TR, 370).

Mais si, mais si! Et ça vous gifle, et ça vous berce, que demande le peuple? Rien, canaille! il est aux anges, le peuple.

Sous le bonnet de Scapin, Orphée, l'œil bleu, les tempes pâles, ployant sous son luth et son barda, rien que des souvenirs, des regrets qu'il prend pour des souvenirs, et qui chante, donc, et qui rigole et qui survit.

Survivre! c'est ça qu'on ne lui pardonnera pas.

Penché sur ton alambic où mijotent des élans, des pulsions, des refoulements honteux, tu renais de tes cendres, le plus enfant et le plus triste des hommes, tu effaces tout et tu recommences à seule fin de recroître, de séduire et de t'enivrer d'un début en annexant l'ampleur du désastre. Mais toi non plus tu ne te pardonneras pas.

Hermétique et sacré, venimeux comme une

huître, Aragon se croit élu. Ils se croient tous élus.

Il ne sort que la nuit. Le jour, il se refuse, il se ferme, il s'engouffre : est-ce volupté ou tourment?

Vulnérable, obsédé par la perfection, tenté par la dernière Extrémité comme par la Genèse de notre antiquité tardive, Aragon. Avec lui, le passé n'est jamais simple, l'avenir pas si radieux, le futur est un peu antérieur, un communiste, ça!

Certains bricolent dans l'incurable, lui, dans les parages du pire, là où personne n'ose respirer, il excelle, il brille.

Sans père, sans famille, forcément scandaleux, bâtard, sans foi ni loi, voyou, et Arthur Rimbaud, ce n'était pas aussi une petite frappe! ni Dieu ni maître, cordon rouge moscovite (pardon Messieurs les jurés, l'*Ode à Staline*, ce n'est quand même pas lui, c'est Eluard!), poète de grand chemin, saboteur de charme.

Cent fois on l'a cru dormant, mort peut-être, on ne parlait déjà plus de lui qu'au passé, dans les années cinquante, vieux croûton, vieille idole, il revient comme un intrus,

avec un bouquet à la main, pourquoi pas un roman, par exemple *La Semaine sainte*, en 1958, au nom des droits imprescriptibles de l'imagination, ce n'est rien, voyons, ça me fait plaisir,

et tu occupes la scène...

Vieil acrobate fardé jusqu'aux oreilles, mais qui le connaît encore, ce pitre tout cabossé, ce *revenant*, qui s'invite sur la piste quand les lions ont dévoré le dompteur, vous vous souvenez encore du Nouveau Roman, vous?

— Bonjour le clown!

— Bonjour les z'infints!

Il croit dur comme fer en la France, c'est-à-dire en lui-même, comme le Général, et il s'en désespère. Il doute de tout, pis que pendre, il ne doute de rien. Il est tenace. Résistant. Quand les choses ne lui plaisent pas, il entre dans la résistance. Il prépare la libération. Et si les choses ne vont pas mieux, faute d'être compris, il refait de la résistance. Ce n'est pas sorcier, cela.

Mais comme il confond le verbe résister avec le verbe maintenir, cela complique tout.

Oui, poète.

Anna Akhmatova : *Dans ce monde entièrement chrétien, les poètes sont des juifs.*

Poète,

griffonnant en douce des vers, même dans l'au-delà, pendant une séance du Comité central.

Le reste n'est que feuille morte.

Pitre :
qu'en pense Malraux ?

C'est une chose étrange à la fin que le monde.
Un jour je m'en irai sans en avoir tout dit.

Les Yeux et la Mémoire

J'ai eu autrefois un prof, un communiste, qui disait : *C'est un mauvais communiste ; pas fiable.*

Un autre, un jésuite : *Un vrai jésuite, un bolchevik de Dieu, mais sans Dieu, évidemment.* Comment savoir ? Evidemment, ils ne l'avaient pas lu. Pas tout entier.

Je vous parle de quelqu'un d'autre.
Un rien l'attriste, l'inquiète.
Je vois, très jeune ou très vieux, c'est le même homme, au fond,
un vieillard seul, calme et beau

avec des préoccupations très dosées, très fines, entrecoupées par un lancinant besoin de se distraire, de s'étourdir, d'oublier. Mais quoi ?

Les demi-teintes d'une fin d'automne, juste avant l'hiver, le mettent dans un état bizarre. Octobre ! Beau soleil déclinant, feuilles mortes, grandes ombres. Tout cela lui va comme un gant. Aragon a plusieurs paires de gants. Il en met dans toutes les circonstances. On croit le tenir, on ne tient que le gant.

C'est un esprit, ô si frémissant ! à la moindre touche, pas touche ! plus chatouilleux que sensible, assez soupe au lait, chochotte et toujours penchant :

Oui : toute question est indiscrète. Ou pire : attentatoire. Mes pensées sont des organes où je vous interdis de porter la curiosité de vos doigts (TR, 371).

Assez !
Ecoute-moi, Louis.
Qui se livre, pieds et poings liés, à son humeur, car le désespoir est d'humeur, non ?

l'attisant de surcroît par l'écriture, sera aussitôt malheureux, désaccordé et méchant. C'est un ruisseau qui s'enfle par une fureur d'exprimer, par une ivresse de dire et de maudire.

Là, évidemment, tu es comblé. Le désespoir s'installe et s'accroît de lui-même, devient irréparable, par la force de ce qui s'écrit.

— Ce qu'on a de mieux à faire pour ceux qui nous aiment, c'est encore d'être heureux...

— Et si espérer, c'est déjà être heureux, comment échapper au désespoir ? Et si personne ne vous aime ?

Tu as pourtant horreur de faire de la peine ou d'en avoir. Tu n'es pas un homme de *peine.*

Aragon savait, paraît-il, se montrer exquis avec des gens qu'il ne connaissait pas et qu'il oubliait le lendemain. Votre vieil ami, quelle exquise douceur ! Quel ange, ce monstre ! Il savait aussi se montrer odieux avec ceux qui étaient trop proches, trop ployés, trop vite séduits.

Les flics et les voyous appellent cela une *balance*. Les astrologues aussi. D'un côté, Vénus veille, de l'autre Saturne le visite en songe. Entre la pègre et le gratin, il hésite, il balance, il dodeline, il ne sait pas dire non.

Même quand il fait le malin, et il fait toujours le malin, l'injure aux dents, la formule aux lèvres, il quémande, il quête l'unanime réprobation.

Est-ce que vous m'aimez? Non : c'est la réponse qu'il préfère et qui le justifie dans son existence même.

Adrienne Monnier (dont la librairie, *Aux Amis des Livres*, rue de l'Odéon, fut fréquentée par Aragon vers 1916) note la sensibilité aiguisée de ce très jeune homme, *toujours un Verlaine ou un Laforgue dans les poches*, et, déjà, sous l'ombrelle de son ironie : *le défi guignol, l'emportement badin*. Cette humeur-là, cette paire de *gants*, ne t'a jamais quitté, même dans tes pires crises de désespoir.

C'est ton côté Musset, ça.

Pitre : qu'en pense Malraux ?

C'est une dure loi, mais une loi suprême
Qu'il nous faut du malheur recevoir le baptême
Et qu'à ce triste prix tout doit être acheté.

Pas très nouveau, tout de même. Au fait, qui n'a besoin qu'on l'aime et qui n'a, à ce sujet, de graves raisons d'être malheureux ? Et n'est-on pas toujours malheureux par sa faute, Louis ?

J'ai le tort, mais j'y tiens, de croire que les vrais gros malheurs, on n'en sait jamais rien. Ni toi, ni les autres, vous n'osez les dire. Car la littérature traficote, embellit, même la tristesse et le brigandage, jeunes gens !

Philtre, incantation, manigance.

Là, enfin, tu sais de quoi tu parles.

Ceci est un blasphème. C'est ta faute, c'est toujours toi qui nous pousses à dire d'horribles choses.

Baissons la lampe. Aragon qui a, ce me semble, une conception haute, sinon religieuse ou maçonnique, de la littérature, a voulu voir comment elle résistait au sacrilège. C'est assez français, cela.

Encore ceci, qui ne l'est pas moins : l'amour proclamé des belles étrangères. Eyre de Lanux, *l'amie éclatante et brune*, Nancy Cunard, Clotilde Vail, Elsa, et quelques autres.

Et ceci, de Paul Morand dans une lettre à son pote pétainiste, Alfred Fabre-Luce (7 janvier 1963) : *La raison d'être de la littérature, française surtout, c'est de troubler l'ordre public. Faute de quoi, ni Molière, ni Jean-Jacques, ni Beaumarchais, ni Chateaubriand, ni Hugo, etc. n'auraient existé.*

A cette aune, Aragon n'a pas si mal réussi.

D'un certain point de vue, selon tous les critères de la Droite, Aragon recueillera une bonne note.

Cela n'a rien à voir avec les opinions politiques affichées, cela. Aragon est de la même famille que Stendhal : si l'on aime les masques intimes de Beyle, Brulard et Sorel, on aime Aurélien et Théodore, Anicet, etc.

Il était très gai dans le monde, fou quelquefois, négligeant trop les convenances et les susceptibilités. Souvent, il était de mauvais ton, mais toujours spirituel et original. Bien qu'il n'eût de ménagement pour personne, il était facilement blessé par des mots échappés sans malice. « Je suis un jeune chien qui joue, me disait-il, et on me mord. » Il oubliait qu'il mordait parfois lui-même, et assez serré. C'est qu'il ne comprenait guère qu'on pût avoir d'autres opinions que les siennes sur les choses et sur les hommes. Par exemple, il n'a jamais pu croire qu'il y eût des dévots véritables. Un prêtre et un royaliste étaient toujours pour lui des hypocrites (H.B. par Prosper Mérimée).

On dirait qu'il parle de toi.

Et Malraux, alors ? Et que vient-il faire dans cette galère ? Voici :

Dans une conversation, André Malraux confie à Roger Stéphane : *Ce à quoi je suis avant tout sensible, chez Stendhal, c'est, alors qu'il a passé sa vie à faire des numéros de cirque, il y a une non-duperie et une domination des moyens psychologiques qui me paraissent quelque chose d'à peu près unique dans la littérature française. Et avec l'acuité*[1]

Cette *non-duperie* alliée à l'*acuité*, on la trouve aussi chez Aragon.

Plus loin, dans le même livre, Roger Stéphane rapporte une longue soirée passée en compagnie de Malraux, en 1945, sur le front de Lorraine. Il est minuit; les deux hommes sont l'un et l'autre levés depuis l'aube. Malraux, en uniforme de colonel, marche de long en large; il a ôté sa vareuse, et ses bretelles, ce qui le condamne à tenir son pantalon d'une poigne qu'on imagine nerveuse et saccadée.

Sommé de citer trois écrivains remarquables par leur intelligence, Stéphane nomme d'abord Roger Martin du Gard. Malraux répond, sans pitié : *L'intelligence, c'est la destruction de la comédie, plus le jugement, plus l'esprit hypothétique. Je ne suis pas sûr de l'esprit hypothétique de Roger Martin du Gard.*

---

1. Roger Stéphane, *André Malraux, Entretiens et précisions*, Paris, Gallimard, 1984.

Stéphane tente de se ressaisir et propose : Camus, tout en précisant, comme pour s'excuser devant nous : *De bons esprits croyaient à l'époque que Camus était un écrivain considérable.* Malraux, quel chameau ! l'interrompt : *Je vous en prie, nous ne sommes pas au Flore. Et Molière, et La Bruyère ?*

Alors, Stéphane avance le nom d'Aragon. *Aragon est intelligent,* dit-il.

Réponse de Malraux : *Non, non, et non. Aragon est un con.*

Un con ? Un con.

Jean Paulhan : *Quand serait-on grossier, injuste, sinon à propos de littérature et de poésie ?*

C'est, semble-t-il, le poète que Malraux condamne sans merci. Il trouve *Le Crève-Cœur* illisible : *Victor Hugo plus Apollinaire,* ce qui ressemble à une provocation.

Etrange, non ?

Malraux et Aragon ont pourtant en commun le communisme (mais, en 1945, Malraux a commencé à changer de route) et la filiation barrésienne, qui sera réclamée un peu plus tard par Aragon.

Qu'est-ce qui, chez Malraux, justifie cette réprobation sommaire? A-t-il seulement flairé un rival, un romancier partageant le dessein d'embrasser le siècle, et qui excelle dans un domaine, la poésie, où il est absent et un autre, l'intelligence, où Malraux se croit duc? Je ne sais.

Ce qui dérange Malraux, est-ce le côté mauvais genre d'Aragon ou son casque de pompier? les provocations et les frasques de sa jeunesse? la fibre patriotique et populaire de certains poèmes? ou bien sa sexualité?

J'essaie de comprendre. Je crois que je m'efforce d'aimer. Cette phrase de Bernanos, Aragon aurait pu l'écrire. Malraux aussi, mais à l'envers : *J'essaie d'aimer...*

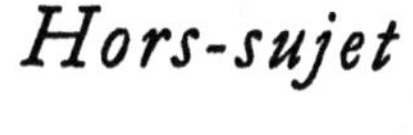

Hors-sujet

Bernard de Clairvaux : *Jésus sur la croix souffrit dans son odorat, car le lieu du crâne était jonché des chairs des corps des hommes que la mort rend à la terre. Souffrit dans son ouïe, car il entendit et les insultes et les blasphèmes. Souffrit dans le sens du goût, quand on porta à sa bouche une éponge imbibée de fiel, de vinaigre et de myrrhe. Souffrit dans le toucher, car sa tête était couverte d'épines, sa face souillée de crachats, ses pieds cloués, ses mains clouées, son corps fouetté, son cœur percé par la lance de Longin.*

Alors il ne resta en lui que la langue. Et il ne resta en lui que la langue pour prier en faveur des hommes pécheurs, et pour confier sa mère au seul disciple qu'il aimait et qui se nommait Jean.

Je n'ai pas résisté à l'envie de citer ce texte, je sais pourquoi.

Pas l'ombre d'une croix, ni le sourire d'un Christ ; pas une lueur de charité, dans toute l'œuvre d'Aragon. Pas de Pâques à New York ! D'autres béatitudes guettent le héros mais l'Evangile brille par son absence. Un cas presque unique, avec Shakespeare.

Hors-sujet.

Sauf pour cette phrase : *Alors il ne resta en lui que la langue.*

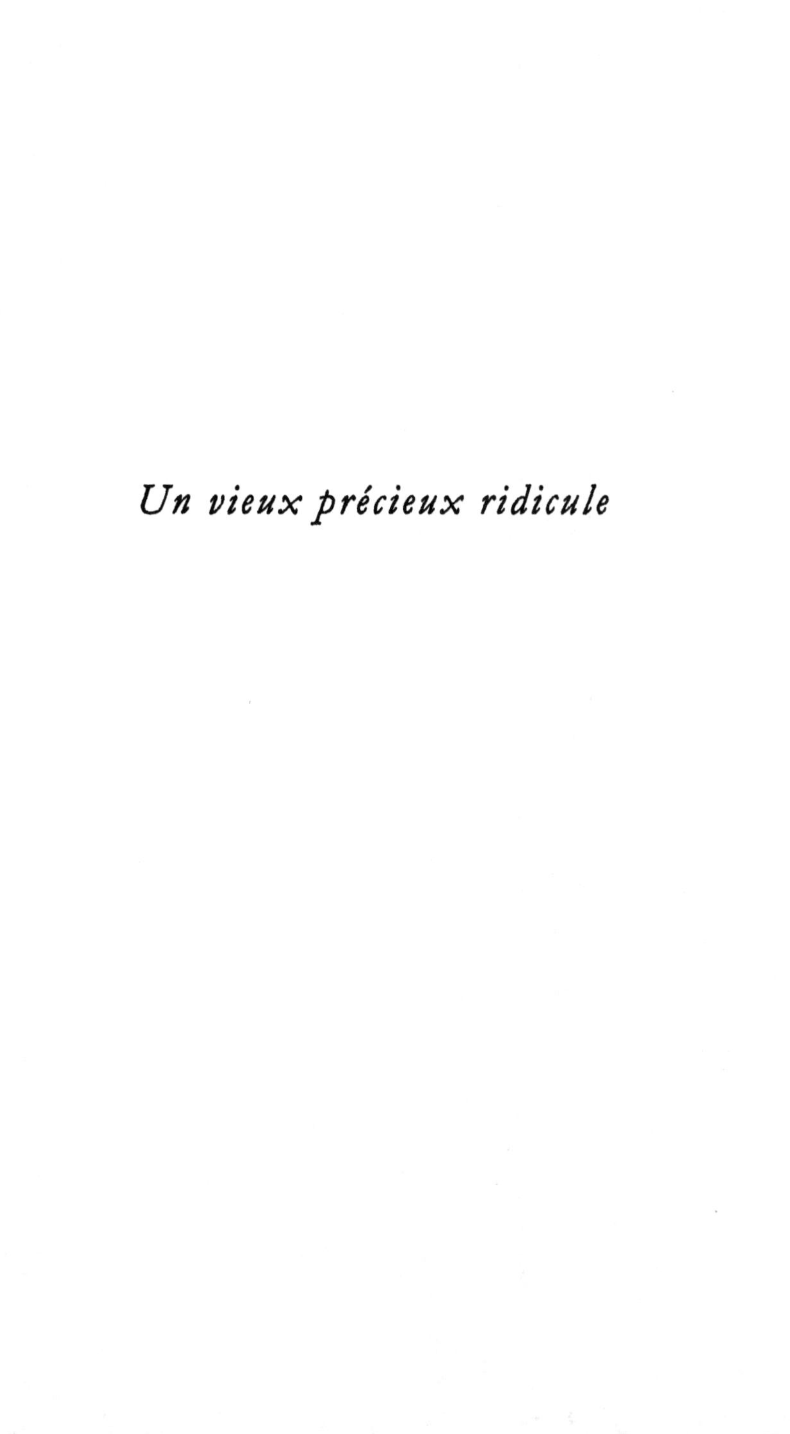

Un vieux précieux ridicule

Mais qui?
Qui parle?

Quel est celui qu'on prend pour moi?

Qui parle en toi? Qui te souffle?
Et si c'était toujours le même qui se sauve et

qui se brûle, le même Aragon qui dodeline entre l'adoration et le dédain, et qui vous saoule, d'une prière, d'un crachat, si doué, si étincelant, si pasticheur, quand il s'engoue, quand il endosse sa cape de ménestrel, oui, le même qui consent et qui se rebelle, d'un accent de jeunesse insoupçonné?

Avec toi, la question n'est pas : *Qui croire ?* ni : *Que croire ?* mais : *Qu'est-ce que croire ?*

Tu as une troublante aptitude à faire du joli, dans tous les sens du mot, du *précieux*, avec le pire.

Comme Céline, mais entre lui et toi, il faut choisir, c'est comme entre Beethoven et Wagner, on ne peut vous aimer ensemble que jusqu'à un certain point.

C'est un bréviaire de rancunes, Céline : ça se hume, ça se mâche, ça se remâche. Vous avez en commun l'ego crâneur, ce halètement de taureau ténor qui s'élance tête baissée devant le chiffon rouge de la syntaxe et du lexique. Mais c'est un chien enragé, Céline : il vous mord, vous êtes foutu. Lisez Aragon, vous êtes libre. Si on est pour Aragon, on est contre Céline, mais je ne saurais vraiment l'expliquer.

Du joli, donc ! Comme Genet, apôtre et délinquant, tout auréolé de ses forfaits, fier de ses dégâts, dodelinant amoureusement entre la liturgie, la dentelle et la farce : *une Mademoiselle de Scudéry du bagne*, disait Nimier. *C'est une Madame de Sévigné moderne qui a pris le thé chez Dada*, dira Picabia d'Aragon.

Mais non ! je déraisonne, Aragon, c'est autre chose ! Ce n'est pas Genet, le suprême évêque, larrons, feintes madonnes, la mort si belle qui rôde sous les falbalas, la créature en proie aux sommations de l'instinct qui se décèle, fragile et scandaleuse, quand elle s'agenouille, proférant l'aveu d'un crime ou un parfait poème, sous le fard et sous les oripeaux de la foi.

Genet, c'est la messe, toi, tu préfères le théâtre, le roman, le cirque, tout en un !

Genet, Céline, Aragon : faux frères.

Tout ce que tu écris se décante en plaidoyer amer, souvent exorbitant, en faveur des fausses confidences, des charmes insidieux et tarabiscotés du moi, des divagations à peine romancés du journal intime. Souvent, ton lecteur sera tenté de s'enquérir : *Combien de fois, mon fils ?*

Mais que savent (les gens) des incidents de parcours, des fins tragiques, des destins jamais compris ?

A-t-on bien compris cela ? Pour toi, il n'y a pas d'un côté vivre, de l'autre écrire : il n'y a qu'une seule manière d'exister. Oui, plusieurs façons d'aimer.

Et une seule façon d'écrire : la tienne.

Moi par exemple, je ne pense pas sans écrire, je veux dire qu'écrire est ma méthode de pensée (Le Con d'Irène, DI, 446).

Que mieux dire sans médire ?
Tu es tout entier dans tes livres, dans tes

lettres, dans tout ce qui est de ta main. C'est là que tu t'impliques, que tu te contredis, que tu te surprends. Nul ne se connaît, nul ne se décèle mieux que toi. Tu as transformé les circonstances de ta vie subie ou rêvée en trajectoire boiteuse, en méfaits, en slogans, en sigles, en périples, et le hasard de ta naissance en destinée.

Un choix ?

Sartre écrit, à propos de Baudelaire : *Le choix libre que l'homme fait de lui-même se confond absolument avec ce que l'on appelle sa destinée.* Tu envies sans doute ceux qui croient à ce point à la liberté.

On a toujours tort de te croire sur parole :

Pardonnez-moi, Denise, vous savez très bien comme je suis. Il faut toujours que je prenne. Brusquement le besoin d'être naturel, une espèce de perversité sincère (LD, 41).

D'accord. Mais, franchement, il est vain d'approcher par le petit bout de notre lorgnette un homme qui est armé d'une longue-vue. Et l'on a tout à perdre à brandir contre la somme de tes ambiguïtés toute une dramaturgie de détails incertains, superflus, catégoriques, insignifiants.

Je ne reprocherai pas à Picasso et à Braque d'avoir menti sur la forme d'une guitare.

Je crois vain de te rechercher, Louis, ailleurs que dans l'encre : je refuse de lâcher la proie pour quérir l'ombre. C'est dans l'encre que tu te risques et que tu te noies. Tu n'es pas le premier : *Beau liquide, du reste, que ce liquide sombre ! et dangereux ! Comme on s'y noie ! Comme il attire !* (Flaubert, A Louise Colet, le 14 août 1853.)

Alors, qui ?

L'a-t-on noté ? Il n'y a pas de bonne image d'Aragon : *il n'entre pas dans la photo*, tous les photographes honnêtes vous le diront. *Meurs, visage, meurs...*

D'abord, le jeune homme. Infréquentable, bien sûr. Déplaisant. Sur une photo datée de 1919 : qui est ce jeune daim, en col cassé et chapeau melon en suédine, avec des yeux si doux ? Outre *l'ivresse de déplaire*, le legs éclatant de Barbey d'Aurevilly, qui n'est que promulgation grisée de songes et de dédains, il y a, chez toi, avant toute chose, la volonté de nuire, de se nuire.

Violent avec cela. Toujours prêt à brandir ses poings, à cracher sur les dieux, à décréter qui mérite un pied quelque part, à gifler un cadavre avec des mots choisis.

Comment le reconnaître, ce jeune homme, dans celui qu'on traîne à la Fête de l'*Huma*, à soixante-dix ans passés, et qu'on installe sur une chaise, seul dans un coin, comme une relique. *On m'a amené ici comme un chien*, déclaras-tu un jour, vexé, avec tristesse et avec colère.

Comment le reconnaître, ce jeune homme, dans celui qui accepte la Légion d'honneur, en septembre 1981, et se laisse embrasser par Mitterrand, *au nom de l'Union de la Gauche*, dans les salons de l'Elysée ?

Comment le reconnaître dans celui qui traîne la nuit, après la mort d'Elsa, errant dans de mauvais lieux, plus ahuri qu'inspiré? (*C'est bien, il a retrouvé les pédales*, disait Jean-Louis Bory, non sans affection.)

Tous les vieillards connaissent peut-être une fois cette tentation, cet appel, ce vertige à la Tolstoï : partir, fuir, prendre le train, la poudre d'escampette, échapper à ce sentiment de chute immobile et sans effroi. Humer une destination. Retrouver à tout prix un pays, une odeur perdue, un visage oublié dans sa jeunesse. Semer sa famille – quelle famille? –, sa raison. Perdre le nord, casser sa pipe et son rond de serviette.

Tout aurait pu finir sur un banc de voyageurs, dans une gare, à Iasnaïa-Poliana ou Astapovo, comme le vieux comte.

Non, tu es mort gâteux dans ton lit, comme un brave homme. Décidément, tu n'auras jamais été celui qu'on attendait.

Tu es mort, je m'en souviens, à la veille de Noël, le 24 décembre 1982, à zéro heure cinq. Ce jour-là, la télévision diffusa sans scrupules, au journal de vingt heures, les images d'un pitre rongé par l'emphase de la vieillesse, un grigou pathétique, et qui psalmodiait des bribes du *Roman inachevé*, d'une voix brisée : toi.

Comment te reconnaître, toi, le cabré, le fringant, l'éternel ambassadeur des litiges !

Quelque chose se sépare de nous, jour après jour, quelque chose nous quitte...

Rimbaud : *Je ne regrette pas ma vieille part de gaîté divine...*

Et toi, lui faisant écho : *Va tu n'as rien perdu de ce mauvais jeune homme*

Qui s'efface au lointain comme un signe ou mieux comme

Une lettre tracée au bord de l'Océan

Tu ne l'as pas connue cette ombre ce néant (Vingt ans après, *dans* Le Crève-Cœur).

Menteur, va ! Sale menteur !

Est-ce la même ferveur de néant, le même atroce courage, qui t'a fait adhérer et devenir *un très méchant fou ?*

Et pourtant, le jeune homme, enragé et prometteur, est intact en toi jusqu'à la fin, et même il semble renaître, plus large de front et plus frêle d'épaules, sous un Stetson blanc, plus provocant que jamais, plus frivole, après la mort d'Elsa.

La gueule a changé, voilà tout, il m'a neigé dessus, la pomme s'est ridée, pour ne rien dire du ventre, ... et alors ? Je me répète, je sais, mais c'est que je me dis que tout le monde n'a pas tout lu, voyez-vous (TR, 383).

Et Elsa, c'est la fée Clochette ? Tu nous prends vraiment pour des pommes.

En même temps, dans le jeune homme, n'y avait-il pas déjà une vieille cocotte, un vieux fakir, un vieux con ?

Moi qui suis installé dans la vie une fois pour toutes dans le ridicule.

D'avoir dit cette phrase, à Agnès Varda, je crois, ça te rachète.

Tu ne t'en caches pas. Tu ne l'as pas toujours dit. Tu l'as toujours su.

Comment tes ennemis ne l'ont-ils pas encore compris? Cela au moins, ils devraient le comprendre : il est inutile et vain de propager des horreurs à ton endroit : tu t'en acquittes mieux que personne.

Tu ne souhaites pas avoir raison.

Tu as tort, tu le sais. Tu te déconsidères, tu te déjuges, tu te dévoues, tu te désavoues, et tu t'en moques.

François Taillandier : *Et s'il y a une grandeur d'Aragon, c'est de s'être régulièrement, impitoyablement — et jusqu'au bout — flingué en public.* Bien vu, François !

Tu t'accables, tu te flagelles, tu te flingues, à bout portant, froidement, délibérément. Tu expies, mais quoi?

J'irai jusqu'au bout de mes torts

Aragon la seule façon d'exister

J'avais naissant le tort de vivre.

Avec cela, tu sembles nous chuchoter amicalement à l'oreille : *Je vous emmerde !*

Séduire : *Séduire ! A ce jeu s'est brûlé tout un peu de ma vie. Ce n'était pas un jeu, au reste, c'était ma vie.*

Ta vie ?

Ma vie, cette vie dont je sais si bien le goût amer qu'elle m'a laissé, cette vie à la fin des fins qu'on ne m'en casse plus les oreilles, qu'on ne me raconte plus combien elle a été magnifique, qu'on ne me bassine plus de ma légende. Cette vie comme un jeu terrible où j'ai perdu. Que j'ai gâchée de fond en comble. Quoi ? Voilà les protestations qui recommencent. A la fin, je sais de quoi je parle. Je le sais mieux que vous, je ne suis pas le personnage que vous prétendez m'imposer d'être ou d'avoir été. J'ai gâché ma vie et c'est tout (La Valse des adieux).

Et cette façon que tu as, dans *Théâtre-Roman,* de battre jusqu'au vertige les cartes du Je.

Par l'abandon du moi narcissique, découvrir le Je : est-ce possible?

Dire : Je. Avec toutes les femmes sauf Une, avec tous les partis sauf Un, tu ne sauras jamais dire : nous.

Mon affaire est la métaphysique... Toute métaphysique est à la première personne du singulier. Toute poésie aussi.

C'est un vieil homme désormais qui se remémore ses nombreux visages : il manipule ses propres songes, comme des marionnettes; il érige les fantômes de son existence en personnages; il se pastiche, il se souvient; il rectifie, nuance, corrige amoureusement les plis de sa destinée.

Il veut avoir le dernier mot, il appose un erratum farceur sur la dernière page de sa vie, et il la signe, en réprimant un hoquet de dégoût, pour rire.

Portrait d'Aragon. Je me dis que mon projet est idiot. Suis-je résigné à n'étreindre qu'une ombre, tragique et bouffonne, irrémédiablement?

Tu es l'ombre de Lear, dit le Fou :

Oui, je suis ce fantoche à la cantonade, ce fantôme. Une ombre assez solitaire et bien seule (LD, 38).

Une ombre qui ondoie, même si, au-delà du faste et des simagrées, tu n'as cessé de vivre et d'incarner sans répit la constance d'un projet unique, d'abord clandestin, inavoué, intempestif, dans le dos de Breton, puis flagrant : la *volonté de roman*.

Tout ceci finira par faire une histoire pour la crème, le surfin, le gratin, le copurchic des cons. C'est une manie bourgeoise de tout arranger en histoire (Le Con d'Irène, DI, 474).

Avoue! Est-ce pour plaire à Breton que tu as écrit cela?

Soupault seul parle de ta bonté, Louis, il s'en souvient. Je crois à cette bonté : tu ignores le Mal qui a partie liée avec la vérité, tu as toujours eu du mal avec la vérité : tu ne connais que la ferveur.

C'est ce côté inhumain, irréligieux au fond, que désapprouvait Breton, ta ferveur. *Apôtre sans Dieu* : il avait peut-être raison, mon jésuite, après tout.

Oui, oui, on dira ce qu'on veut, mais au moins celui dont on parle n'a jamais maltraité l'amour.

Naître

*Le besoin d'écrire à tout prix une phrase
est la nécessité impérieuse d'en taire une
autre, silencieuse.*

PASCAL QUIGNARD

Aragon et Elsa, malgré tout, j'y viens.

Parfois, je me dis, sacrilège! ils ne s'aiment pas, ils s'aimantent et font des poèmes avec la limaille.

Tu as eu cette force-là, Louis : le couple. Sans perdre une miette de ton talent, sans perdre un cheveu de ta force avec cette Dalilah, cette nitouche, cette buveuse de thé. Il y a tant d'émules d'Orphée qui se savent perdus s'ils ne sont bientôt veufs ou célibataires.

121

Aragon et Elsa, malgré tout, j'y viens, mais pas encore, plus tard.

Tu rajeunis, tu redonnes fureur et mystère à ce lieu commun, Louis : l'enfance est la Mère des secrets — d'un secret qui vient de plus loin que la parole qui le nomme. Que dis-tu? As-tu avalé ta langue, Louis?

Dans le vieil homme subsiste l'enfant humilié étouffant les protestations dont tout ton être naquit gonflé.

C'est pourquoi je veux redire ce que chacun sait : tu es né le 3 octobre 1897, dans une clinique, près des Invalides à Paris.

Cette année-là, Rostand triomphe au Théâtre de la Porte Saint-Martin avec *Cyrano de Bergerac*, Matisse peint *La Desserte*, et Gauguin une toile qu'il intitule : *D'où venons-nous? Que sommes-nous? Où allons-nous?*; Barrès publie, tiens! tiens! *Les Déracinés.* Quelques mois plus tard, en janvier 1898, Zola publie *J'accuse!*

Ta mère s'appelle Marguerite Toucas-Massillon, ton père, Louis Andrieux, c'est dans tous les livres ! Il te donne un nom et un prénom. Tu hérites de ses initiales : L.A.

J'ai parlé... de ce père illégitime que j'ai eu, que j'aurais bien eu le droit de ne pas reconnaître, puisqu'il ne m'a pas reconnu, lui (Henri Matisse, roman).

Aucune déclaration à la mairie du VIIe arrondissement. Un mois plus tard, le 3 novembre, le certificat de baptême de Louis, signé à Neuilly-sur-Seine, est un faux. Plusieurs années après, en 1914, par un jugement du Tribunal civil de la Seine enregistré dans le XVIe arrondissement, tu deviens *fils de père et de mère non dénommés.*

Ce qui t'a manqué, Louis, c'est le blâme d'un père.

Comment le connaître, le reconnaître, cet enfant ? Aragon est un fils naturel. Ta mère ne te le révélera que beaucoup plus tard, quelques jours avant ton départ pour le front : *Elle devait attendre 1917 pour s'infliger de me dire la vérité. Moi, je l'avais devinée en silence.* Ailleurs, dans la préface aux *Voyageurs de l'impériale*, tu confies au lecteur : *Je répète que c'est en 1906 que ma mère fut autorisée à m'expliquer tout ça.* Tu te contredis, peu importe.

Orphelin, c'est autre chose. Toi, tu souffres d'un trouble inommé de l'état-civil.

Nous prenons la place de nos pères... Et toi, quelle place vas-tu prendre ? Avec un père travesti en tuteur, en parrain, une mère qui passera pour ta sœur, es-tu seulement né ?

Quel sens donneras-tu à ce mot pour lequel on se tue : vérité ?

Ni fils ni père ne sera.
L'enfance est la Mère des secrets.

Le mot n'a pas franchi mes lèvres
Le mot n'a pas touché mon cœur
Est-ce un lait dont la mort nous sèvre

Naître

Est-ce une drogue, une liqueur
Jamais je ne l'ai dit qu'en songe
Ce lourd secret pèse entre nous
Et tu me vouais au mensonge
A tes genoux
Nous le portions comme une honte
Quand mes yeux n'étaient pas ouverts...
Te nommer ma sœur me désarme
Que si j'ai feint c'est pour toi seule
Jusqu'à la fin fait l'innocent
Pour toi seule jusqu'au linceul
Caché mon sang
J'irai jusqu'au bout de mes torts
J'avais naissant le tort de vivre.
(En étrange pays dans mon pays lui-même)

Et on dira après ça qu'Aragon n'est pas un poète lyrique !

Ton enfance, Louis, c'est ta première *aberration*, dans la *piété*, ton premier masque.

La petite-bourgeoisie comme discours, comme odeur : une odeur de femmes.

Pire que la pauvreté : la gêne, c'est-à-dire la misère dans les familles comme il faut.

Ainsi s'inaugure une vie de garçon sous le signe du mensonge dont tu feras une doctrine. Le mentir-vrai, quel dogme fatal! On croit que tout s'ouvre et s'éclaire par ce truchement. Une clef que l'imbécile qui rôde en chacun de nous rêve d'essayer sur toutes les portes : mieux vaut poser la clef, entrer si l'on peut par la fenêtre, il n'y a pas de porte.

Pas de père, pas de porte, tu peux toujours courir.

A l'école Saint-Pierre, à Neuilly, tu as fait la connaissance des frères Prévert et d'Henry de Montherlant qui s'en souvint : *Il écrivait une pièce en alexandrins, Tamerlan. Tamerlan, c'était déjà l'URSS! Comme l'école avait fait une aventureuse excursion à ânes, du côté de Robinson, Aragon méditait de lui consacrer un chant épique qu'il comptait intituler l'Anéïde... Je me souviens toujours que, m'ayant raccompagné un jour jusque chez moi, il m'entretint tout le long du trajet de Racine... Et il avait douze ans!*

Naître

L'Anéïde !

Tu lisais, avec passion : Barrès, Byron, Dickens, Dostoïevski, Gorki, Romain Rolland, Tolstoï.

Mais marie-toi disait ma mère... (TR, 11).

Un jour, dans la librairie d'Adrienne Monnier, tu découvris, ô Jérusalem ! le Chant premier de *Maldoror* de Lautréamont.

Si je n'avais pas tant lu, je n'aurais pas tant écrit. Ecrire ? *Je n'ai jamais appris à écrire.*

Drieu aussi appartient à ton enfance. L'âme sœur au masculin. Ton compagnon de bordel : *Regarde-moi, Louis, je bande !* Puis l'âme damnée. Tu as fait de Drieu le modèle d'Aurélien comme Drieu fera de toi le modèle de Gilles. Quel est le plus ressemblant ? En tout cas, vous vous ressemblez : le faste et la frime. Tu n'es pas meilleur, tu as mieux réussi, c'est tout — sauf dans l'infamie. Dans l'enfoncement, il te bat.

Tu n'es qu'un homme comme les autres, pitoyable et peu fait pour montrer leur chemin aux hommes, un homme perdu et que je perds. Tu t'en vas, tu t'effaces. Il n'y a plus personne au lointain, et tu l'as bien voulu, ombre, va-t'en, adieu...

Comme elle est belle, cette lettre de rupture avec Drieu! J'ai toujours pensé que tu t'y parlais en songe et que tu disais adieu à toi-même, à tes fragilités, à tous tes dons, à ta jeunesse.

Toujours, cette royale faculté d'apercevoir et de s'aveugler.

Mais qui songe à te démasquer? Pas moi, Louis. Les titres de tes livres en disent davantage qu'un long discours : *Traité du style, Le Libertinage, La Mise à mort, Le Mouvement perpétuel, Feu de joie, Persécuteur persécuté, Le Crève-Cœur, J'abats mon jeu,* farceur, va!

Tu es un drôle, Louis, un enjôleur, un charlatan. On ne peut t'écouter sans s'émouvoir et sans rigoler. Tu en rigoles toi-même, en monarque du style, fier d'errer dans de mauvais draps, avec un traversin sur la tête, tout en feignant de te croire un autre.

Le dernier jeune homme peut-être.

Où donc s'en sont allés mes jours évanouis ?
Est-il quelqu'un qui me connaisse ?
Ai-je encore quelque chose en mes yeux éblouis
De la clarté de ma jeunesse ?

Qui ?

Hugo ou Aragon, à la fin, je ne sais plus, je confonds toujours l'aube avec le soir.

Tout le reste n'est que feuille morte et pâture de vent.

Chutes

Aragon n'a aucun humour mais il suffit de relire le *Traité du style* ou *L'Instant* ou *Les Aventures de Jean-Foutre La Bite*, récemment publiés, pour savoir ce qu'est un esprit étincelant et libre. L'absence d'humour, chez Aragon, est volontaire, comme la servitude. A un moment donné, on dirait qu'il se l'interdit. Son humour n'est *pas permis*.

Nancy CUNARD : Sur les portraits de Man

Ray : une déesse inca, une louve, une Parque. En janvier 1926, à Paris, Aragon rencontre Nancy Cunard : *Une femme très singulière, grande, mince, un roseau pliant.*

La belle âme : On peut simuler le cœur, la noblesse, la belle âme, on a plus de mal à simuler l'intelligence. Aragon a une sainte horreur de la belle âme.

Je crois qu'Aragon, au tréfonds de lui-même, ne fait aucune différence entre la volupté et la douleur. Montherlant : *La volupté est comme la douleur : elle éteint tout ce qui n'est pas elle.* C'est l'âme qui complique tout.

Peut-on être à la fois un génie et une crapule ? Oui. Peut-on être profondément, à la fois un homme immoral et un homme honnête ? Je crois. Toutes les remarques qu'on peut faire sur *ce travail ascétique d'enfoncement* (et il faut insister sur le mot travail) constituent un *traité de morale supérieure,* comme dirait Montherlant.

On parle de la facilité d'Aragon, on oublie toujours le travail. Rien de forcé dans ce labeur qui se donne pour caprice. Vivre, écrire, comme on respire. Nul plus que lui, dans ce siècle (à l'exception, peut-être, de Valéry) n'a su, pourtant, aussi bien faire fructifier ses dons.

Travailler, ça s'appelle.

Aragon croit en ce qu'il fait, non en ce pour quoi il le fait. Ce n'est pas un idéaliste, ni un idéologue, c'est un artisan. Même s'il manie l'utopie comme un menuisier son guillaume. Gare aux copeaux!

Il faut être impertinent et poli, si l'on veut faire mouche. Les jeunes disciples de Breton n'ont pas compris cela.

Aragon n'a jamais fait l'éloge aristocratique du mépris, comme Montherlant, qui le compare à la charité. Il aurait très bien pu.

Never explain, never complain (Disraeli). Ne jamais expliquer (ou s'expliquer), ne jamais se plaindre. Aragon a fait tout le contraire.

Quand il dit : *Je le jure*, c'est là qu'il ment et c'est toujours là qu'il est le plus sincère. *Le feu grisou qui je le jure est l'âme revenante des enlisés,* (DI, 11).

Les yeux d'Elsa les yeux d'Elsa les yeux d'Elsa, mon œil !

Je vous salue ma France où les blés et les seigles
Mûrissent au soleil de la diversité : ces vers-là, Péguy eût pu les écrire.

Tout le monde a eu une jeunesse mais, plus qu'un autre, Aragon a connu et exprimé, sur le mode héroïque, douloureux et burlesque, *ce sentiment vif de l'existence* dont Stendhal avait fait son art de vivre.

Cette voix des Beaux Quartiers, cet accent si gratin, si boutonné, d'Aragon : on n'est pas loin de Barrès, avec son *Tout d'mâme !* ou son *Le croâyez-vous vraiment ?* Ça faisait genre une pagode dans le Kent, à la Fête de l'*Huma*.

Du moment que tu as une invincible tendance au lyrisme, il faut choisir un sujet où le lyrisme serait si ridicule que tu seras forcé de te surveiller et d'y renoncer. Prends un sujet terre à terre, un de ces incidents dont la vie bourgeoise est pleine, quelque chose comme La Cousine Bette, *comme* Le Cousin Pons *de Balzac, et astreins-toi à les traiter sur un ton naturel, presque familier, en rejetant ces digressions, ces divagations, belles en soi, mais qui sont des hors-d'œuvre inutiles au développement de ta conception et fastidieuses pour le lecteur.*

J'étais envahi par le cancer du lyrisme, vous m'avez opéré ; il n'était que temps, mais j'en ai crié de douleur.

C'est ce qu'aurait avoué un jour Flaubert à Maxime Du Camp dans ses *Souvenirs littéraires*.

Je crois Aragon pourri de romantisme, essentiellement lyrique. Mais il feint de mépriser cette glissade, il se brime pour mieux glisser.

On écrit d'abord contre soi plutôt que contre les autres.

Son œil cumule la faculté d'un scalpel et celle d'une éponge : il coupe et il boit.

Il faut que la réalité extérieure entre en nous, à nous en faire presque crier, pour la bien reproduire (Flaubert, A Louise Colet, le 7 juillet 1853).

L'élégance cravatée et criarde d'Aragon à la fin de sa vie : beau comme un astre, accoutré, pimpant (de *pimp* : le maquereau, en anglais).

J'imagine quelqu'un qui serait si lucide qu'il se rendrait compte de sa naïveté, de son gâtisme, de sa folie, et même qu'aux moments de son inconscience, il serait conscient de son inconscience (Montherlant, *Carnets*).
C'est tout à fait toi, à la fin, cela.

Aimer

Comment ne pas être déçu?

Vivre, c'est être inférieur à soi-même et, si l'on peut, en savourer l'amertume. Grandir, c'est l'accepter. Tu n'as jamais grandi, Louis, tu n'as fait que remâcher les *fleurs maladives* de ta jeunesse.

Je bats avec mes poings les murs qui m'ont menti.

Des mots des mots autour de ma jeunesse morte (Le Roman inachevé).

C'est le milieu des années vingt. Il est dans les grands troupeaux d'hommes de ce temps-là un jeune animal, une espèce de loup-solitaire-et-blessé, toi-même tu ne crains pas les clichés, tu les retrousses et tu les craches, en perles, ces crapauds! à la face du monde, et tu te morfonds, agneau! réclamant le déshonneur d'insulter toutes les mères, et tu varies comme une guêpe.

Quelqu'un qui tutoie l'univers et qui boit aux équinoxes. Quelqu'un qui s'abreuve à la nuit et s'enivre de ses chaudes larmes.

Quelqu'un qui demeure dans l'infini et qui, ne doutant pas de son envergure, s'y sent à l'étroit.

Tu ne t'aimes pas, et, quand tu contemples ta propre image, râlant sur ton chevalet féerique, volé à Arthur! volé à Arthur! suçant tes poisons, tu ne peux contenir ton dégoût devant cet éternel soupirant. Il t'est rare d'écrire et de penser, ce qui s'appelle écrire et penser, sans soupirer.

Drieu préférait séduire : Drieu est un séducteur, toi, tu es un soupirant.

Qui t'éclairera sur toi-même ?

Tu veux aimer, tu ne sais qu'adorer. Tu es à toi-même une contrée, un empire, un monde, c'est tout, oui ? Avec cela, pressé de conclure et, comme tu fais fuir les bonnes gens, tu te crois dangereux.

Est-ce qu'il prie ? Regardez, on ne sait s'il se signe ou s'il rue, quand il se fâche : *Regardez-moi, est-ce que je ressemble à Verlaine ?*

Qu'est-ce, cela, cet hilarant présage, ce pitre à demi ahuri à demi inspiré, et qui n'a rien de fraternel, cet intermittent du spectacle, ce monstre au pied léger ? Un poète, vraiment ?

Ces vers de Musset, tu les connais par cœur :

Amour, fléau du monde, exécrable folie,
Toi qu'un lien si frêle à la volupté lie,
Quand par tant d'autres nœuds tu tiens à la dou-
leur.

Quelle pitié! Heureusement jusqu'alors, tu n'écris tes aberrations qu'en prose.

Ça t'évitera d'écrire comme Hugo :
Les bonbons, l'Océan, le jeu, l'azur des cieux,
Les femmes, les chevaux, les lauriers et les roses!,

ce qui fait tout de même beaucoup, non? même pour un poète au cœur accueillant et nombreux!

Juillet 1928. Je te vois dans Venise, suppliant encore inapte au cantique, pur histrion qui confond le drame avec le grabuge, visiteur sans bagage, privé d'Orient dans cet Orient factice, ce monument de gloire peinte, de stupeur pourrissante – cette *stupeur qu'on hésite à consi-dérer comme un charme* – et d'ennui, je te vois er-rant, plus mort que vif, sans amis, sans but, dans ce décor, sans les secours d'une religion encore innommée : Elsa, mirant ton visage parmi les eaux mortes, ô Ville ta prison m'enchante, ta beauté me désespère.

Déjà vieille cocotte sous tes airs de faisan neurasthénique.

Je te vois qui t'étires en nuances, en privautés, en aveux d'emphase et je me tape le front, et je me mords les doigts, et je m'arrache les cheveux, et ça semble, un comble! un don du ciel, une faculté d'enfance et d'instinct, comme pigeon vole, brochet nage, carpe et lapin s'enlacent — non mais, c'est quoi, ce numéro!

Une idéologie du frisson. Tes ardeurs de sceptique sont un gémissement plutôt qu'une révolte. On ne saura jamais si tu es un extrémiste ou un sentimental.

Pendant peut-être cinq ans, je n'avais dormi qu'à l'aurore... je me sentais beau comme l'insomnie, qu'est-ce que je dormais, deux heures, trois parfois... des années.

O ce visage blême et froissé de songes, ce regard noyé, ah si tu pouvais te voir!

Tu es si bon, Louis, oui, tu as un penchant fatal pour la douceur, ça peut être mortel, la douceur; tu es si charitable avec cet escroc de l'amour qui te dévore le cœur que tu lui pardonnes et que tu le consoles, sacripant!

Le surréalisme, le langage promu sujet – ce n'est pas l'homme qui est sujet, n'est-ce pas, c'est le langage, la femme, le rêve, l'amour fou, et allez donc! Les mots qui font l'amour avec le monde n'importe quoi! Qui ne voit mieux que toi ce que ce genre d'émancipation, proclamée sur le mode hautain et solennel, a de ridicule?

Le divin! La trique, oui! et dans tous les sens! Quelle trique, nom de Dieu!

Arrête! là non plus, tu n'es pas un foudre de guerre.

Je te connais, va! je ne t'aime pas, prude sigisbée, chien gémissant, prêt à mordre la main qui te caresse et à lécher celle qui t'abandonne. Tu revendiques le déliement suprême mais tu es prêt à te rendre à une idole, tu es inféodé, larmoyant, épris de tout ce qui est dur (et précieux) et qui te glace, depuis ton enfance, et te voici amoureux d'une toupie, bien fait !

J'étais amoureux d'une femme extraordinairement belle. D'une femme en qui j'avais cru comme en la réalité des pierres. D'une femme que j'avais cru qui m'aimait. J'étais son chien. C'est ma façon.

Une beauté froide que tu prends pour la lune et qui te trompe avec un nègre mais tu n'as rien contre les nègres, le jazz, la clarinette, les martini-dry, les tentes rayées de Juan-les-Pins, les flaflas de la modernité.

C'est un pianiste. Nancy couche avec un pianiste : Henry Crowder. A la fin de l'été, tu te jettes dans le Grand Canal (c'est ce que tu diras à Jean Ristat, sans blagues ! mais c'est Tosca !), à moins que, plus vraisemblablement, tu n'absorbes des barbituriques dans ta chambre d'hôtel (ça, c'est ce que tu diras à Dominique Arban).

Mais la Mort t'a trouvé trop lourd ou, au

contraire, trop léger, comment savoir, pour t'emporter.

Tes pires ennemis devront se faire une raison : nul n'a su mieux que toi se haïr de tout son cœur. Sur ce terrain-là, ils sont battus d'avance.

Le propre du jeune homme est de vouloir être pris au pire, de n'aimer être aimé (et comme il a le cœur qui bat de cet espoir insensé de l'être) que pour ce qu'il a de haïssable.

Sur ce point au moins, tu demeures un maître, et tu ne varies pas. Est-ce cela que tu appelles : *le dandysme du mal*? Mais non : le mal n'est pas le mot, le mal est ailleurs, peut-être ailleurs que dans le mal.

Va, tu finiras comme Barbey, impérial bohème, qui se teignait la barbe en bleu et la poudrait de poussière d'or pour charmer les jeunes gens!

Jeunes filles, et parmi vous, biches, celles qui

se croient pures et vierges, légions! sauriez-vous l'aimer?

Jeune ombre, gentil spectre, qui va t'arracher à ce bel âge, te sauver de tes climats?

Un an plus tôt, un jour de juillet 1927, à Madrid, avec Nancy. Tu brûles le manuscrit de *La Défense de l'Infini — des centaines et des centaines de pages —* dans une chambre d'hôtel de la Puerta del Sol. De quoi avais-tu peur?

La peur, tu as toujours eu l'intelligence de la peur.

Comme tu es intelligent!

Comme tu es intelligent, tu te crois médiocre. Le monde t'apparaît exactement comme il est : une farce odieuse et burlesque, une parade chimérique. Même au ciel, car tu as tout visité, malandrins et demi-dieux abondent.

La littérature! Peu savent voir, peu savent peindre, peu osent dire. Toi, tu en sais la ficelle secrète. Je dis : ficelle, mais c'est un don, une faculté de l'âme incomprise de Breton, de nous tous, pauvres rats ! C'est une grâce.

Sainte-Beuve : *Le degré où l'ennui prend est l'indice le plus direct peut-être de la qualité de l'esprit. Ceux qui s'ennuient vite sont délicats, mais légers. Ceux qui ne s'ennuient pas aisément sont vite ennuyeux. Ceux qui, tout en ressentant l'ennui, le supportent trop longtemps, finissent par s'en imbiber et l'exhaler.*

Ceux pour qui l'ennui est un charme sont amoureux ou poètes : la rêverie du poète, c'est l'ennui enchanté.

La Fontaine, Fontenelle, Stendhal ou Montesquieu : et toi ?

Rimbaud dans la *Saison* : *L'ennui n'est plus mon amour.* Arthur et toi, champions du renoncement ! On sait bien que la littérature, ça se quitte, comme tout le reste.

Il y a chez vous deux une sorte d'aridité supérieure, essentielle au français, c'est-à-dire en prose, qui ne se trouve nulle part ailleurs et qu'éclaire pour moi ce mot de Léon-Paul Fargue : *Une phrase parfaite est au point culminant de la plus grande expérience vitale.* Rideau !

La sottise humaine est sans fond, quel abîme ! On peut mettre le doigt dessus et la réduire en parcelles, le poids et la quantité demeurent les mêmes. Tout cela est d'un bouffon, d'un vulgaire vraiment. Tu as la vulgarité en horreur, marquis ! tu seras toujours froid et seigneurial devant la vulgarité. Mais il t'est impossible de pacifier la horde de tes sentiments, de sanctifier par la raison ce que tu éprouves : cette confusion, ces aléas, cet horrible et lent déplaisir.

En toi déjà, cette qualité de vue. D'autres guettent en vain, toi tu vois.

Qu'attends-tu ? Au fond, tu ne sais qu'attendre.

Et expier. Même ce qui doit advenir.

Tu as brûlé *La Défense de l'Infini*. Et alors, Racine n'a-t-il pas voulu brûler *Phèdre* et La Fontaine ses fables, toujours le même ressort, cette *aberration de piété ?*

Toute ta vie, tu auras davantage attendu que regretté, ce qui prouve bien que tu as la santé, que tu n'es pas un romantique, etc., passons.

Tu te crois seul au monde, tu te décernes l'apanage de la douleur. Tu t'embellis, tu t'exagères, le flagrant bénéfice de ces orages.

De l'esprit, tu en as. Français, plus que tu ne crois, et pour ce que tu en sais, ça t'impatiente. Tu te crois Alceste avec le gilet et la perruque de Werther, toi l'adepte de la *mise en tropes*, mais devant un miroir – il y en a toujours un dans les cafés – coucou! c'est Célimène. Dur!

Aux plus bas étages de l'abandon et du drame, il y a toujours en toi un certain endroit chatouilleux où il suffit de te gratter pour obtenir une jolie phrase conçue pour durer.

Ce n'est pas cela que je te reproche. Au contraire.

Ni même cet aveu de Clément Grindor dans *Le Libertinage* qui le restant de ta vie te sera jeté à la tête : *Un beau jour, je compris que je nourrissais en moi ce démon : le besoin de trahir...* Ce n'est rien qu'une phrase de prophète, de faux messie, d'artiste, cela.

Tout dans cette ville se ressemble assez pour qu'on s'égare sur des souvenirs trompeurs, écriras-tu dans le sillage de Pierre Mercadier, à Venise, et après, il y aura Monte-Carlo, le jeu, la roulette.

En attendant, je te vois dans les parages des Schiavoni compliquant ta tristesse de songes idiots, prompt à vêtir un personnage. Pauvre Louis, ivre d'étreindre et incapable d'aimer.

Ta finesse, ton sentiment exagéré du ridicule, ta peur du qu'en-dira-t-on, t'entravent. Depuis longtemps déjà, tu entrevois la possibilité d'être las de toi-même autant que des autres.

Est-ce le dégoût qui blêmit ton front?

Mais, au petit matin, tu sembles requinqué, ravi d'exister. N'est-ce pas qu'une nuance d'envie farde tes tempes pâles?

O sublime farceur, m'entends-tu?!

A l'âge où tes amis sont des ambitieux et des

amants, tu préférerais mourir plutôt que parvenir, tu es amoureux, c'est-à-dire stérile et désolé.

Comme tu souffres!

Comment ne pas se croire vertueux quand on souffre!

De quel côté vas-tu tomber?

Tu souffres, tu le sais, tu le veux.

En souvenir de ce séjour déplorable, tu sauras toujours vibrer en songe à tous ces battements, à ces secousses insoupçonnées, à ces vains et furieux soubresauts de la proie, dont le cœur des amants fut agité depuis les premiers matins du monde.

Bientôt tu rencontreras Elsa, à La Coupole, Elsa-par-qui-je-crois-en-l'avenir, elle te baisera autour de la bouche entre deux portes, à ton corps défendant, t'ayant deviné sans te connaître, et toi incapable de l'enlacer, ou bien elle promènera son souffle inquisiteur et inquiet sur tes tempes, tu croiras mourir de peur ou de douceur, et tu la laisseras faire, la dame, plaisir un peu froid mais exquis, furtif comme un viol.

Boy meets girl.

Elsa : ce sera ta seule idée plus forte que la mort.

Elsa : est-ce cela, une bénédiction? Avant elle, aimer, c'était maudire — se maudire.

Es-tu séduit ou exaucé? Cette fois, j'y viens!

Trahir

Au fait, pion de la reine, c'est une carrière cela! tu vivais dans une crise perpétuelle, tu étais atteint, croyais-tu, d'une mortelle insuffisance, sauvé!

L'amour a cessé d'être un but, peut-être n'est-ce plus à aucun degré de l'amour, je veux dire : une quête, mais plutôt un mystère, l'amour est devenu un lien, un joug sacré. Impossible de le laisser mourir, celui-là.

Tu le détruiras sans cesse, chaque nuit, et tu le reconstruiras, seul, chaque matin. Pour toi, enfin, pour Elle.

Jouhandeau : *Longtemps l'Absent n'a pas de Nom, ni de Visage, ni de Corps.*

Plusieurs objets s'offraient mais, cette fois, tu n'as pas choisi le pire selon ton goût : un tyran.

Oui, les Russes sont des Scythes amoureux de la prose, des barbares aux yeux bridés, des tyrans épris de leurs esclaves, et toi tu n'es que la proie, tu n'es qu'Europe, une vache, une fleur entre ses dents.

Avec Elsa, le temps n'existe pas : tout advient, tout s'accomplit, avec une patience de saison, dans la joie, l'excès, le rire, les larmes, tout renaît, tout retombe, comme des flocons de neige en plein été, tout s'envole, comme vaches et violons dans un ciel de Chagall et se brisent les verres de mélancolie, *Nazdrovié!*

Elsa : en de certains endroits, je le sens, je ne sais pourquoi, ta sagesse fut absolue, c'est-à-dire que ton ennui fut sans bornes.

On fait bien tout ce qu'on fait quand on le fait par devoir. Tu le reconnais, ce tremblement que tu n'avais plus éprouvé, depuis ton départ à la guerre, la Première, celle dont tu ne devais pas revenir.

Si tu as tout fait pour la haïr, plus qu'une autre, c'est donc que tu devais l'aimer. Jouhandeau a dit aussi quelque chose comme cela : on se protège par instinct quand on pressent un risque mortel.

Elsa, régente de tes mystères, geôlière de tes divines malfaisances, désormais. Elsa, ministre des menus plaisirs et des privations. C'est elle qui veillera au grain.

Un couple.

Joë Bousquet : *Aimer, c'est ne plus être dans le monde où l'on attendait l'amour.*

Comme si vous étiez couchés dans la mort ensemble, l'éternité déjà !

Au trou, le séraphin !

Lost for the girls. Et le reste.

L'as-tu trouvé, ton parapet ?

Te voici rescapé des suicides : *J'ai bien failli ne pas t'attendre.*

O Louis, tu as rompu le peu que tu avais en commun avec le bonheur, tu as préféré qu'elle soit là désormais, divine prudence, divine assurance, ce n'est pas pareil, tu as beau te récrier, ce n'est pas pareil, tu le sais bien. C'est en toi le prix d'une négation, d'une *abnégation*, pour quels deniers, renégat !

Jouhandeau : *J'aime : chasteté entière, ineffable.* Au lit, tu es un ange. Le contraire d'un âne, à ce qu'il paraît.

A-t-elle aussitôt flairé en toi l'alliance d'un bel écrivain et d'un médiocre instinct, d'un faible caractère ?

Avec quelque chose de toi, tu vas rompre, tu

vas abjurer ton fonds, ta richesse, tes semences
— tout cela qui te tue. Sans elle, tu aurais som-
bré dans le maniérisme, la complaisance émue
et le culte parodique de soi. C'est ce que tu
veux croire, traître ! Asmodée !

*Je renie ce jouet sans mystère, qui fut votre camarade,
en qui je ne reconnais pas un seul de mes traits éternels.*

Là, vraiment, tu exagères, tu nous prends
pour des cloches ! C'est une bille que tu prends
pour la pierre philosophale.

Je n'ai rien à voir avec ce jeune homme.

Mais tu as dit aussi : *Je ne crois pas que l'on
puisse avoir une idée très nette et très juste de ce que je
suis devenu, de ce que j'ai écrit par la suite sans
connaître le jeune homme que j'ai été, d'où je suis venu
et ce que j'ai appris alors.* Faudrait savoir, hein !
Et puis, pourquoi cries-tu, si tu es sincère ?
Ne crie pas.

Tu auras bien quelques regrets : *Les mille mouvements qui sont à chaque instant moi-même. Mes vulgarités. Ma grandeur. Ma paresse. Tout l'inégalable de ma tristesse, les abîmes soudain ouverts, et refermés par une distraction légère. Ces brusques sursauts de mon ombre. Ils ne savent rien de rien, de mon désert, de mes marais.*

Un beau traversin de regrets où poser ta tête, vieillard.

Et encore : *Je vous domine de toute la hauteur des mauvais sentiments qu'il vous répugne de me prêter, braves garçons qui par ailleurs ne m'épargnez rien de ce qui est médiocre. Je suis vraiment bien seul au milieu de vous.*

Soit ! mais pourquoi accablez tes anciens amis ?
Tu es déçu, je te comprends, mais par qui ?

Trop tard ! Trêve ! Il faut bien vivre ! Oui, tu

vas vivre au détriment de la rêverie et de la foudre.

Tu auras une histoire. Désormais on saura dire qui tu es.

« Les Aragon » par-ci, « les Aragon » par-là.

Quelle union singulière, fermée à tous excepté à vous deux, opaque à tous les autres et seulement traduisible par des métaphores inviolables. Des oraisons transies. Est-ce un Cygne que tu vois ?

Jouhandeau : *Aimer, la meilleure préparation à la mort.*

Tu n'es plus un objet de scandale pour les passants : devinent-ils que tu n'es plus de ce monde ni de l'autre ?

Ne vois-tu pas que l'extase que tu mimes, c'est le contraire de l'amour que tu chéris ?

Le sais-tu ? Tu quittes un monde que tu juges sans aménité pour un autre qui te jugera encore plus sévèrement. On va classer tes élans, tes inclinations, tes lacunes. On va déplorer tes penchants. Tu vas devenir la proie des chasseurs d'ombres, des scribouillards et des interprètes.

Je ne suis qu'un de ceux-là parmi tant d'autres.

Malheureux, tu n'as pas veillé sur ton trésor. C'était un trésor déraisonnable, et je ne m'en sentais que rarement le maître, et quand je n'en avais pas l'usage (DI, 1444).

C'est ce qu'on dit quand on joue au casino et qu'on a tout perdu, cela.

Tu n'es pas un homme de *plaisir*. Ce que tu veux, toi, c'est le *vertige*. Nuance.

Le plaisir, quel mot galvaudé : « Tu as eu ton plaisir, mon chéri ? », quel mot faible : « Ça me fait plaisir de vous voir », et puis : « On prend son plaisir où on le trouve », quel mot ignoble ! (DI, 410)

Plutôt que la quête de ton propre plaisir, c'est la formule, le chiffre féminin du désir qui t'obsède. Tout l'informulé, tout le divin, est là : mais, Louis, il n'y a de divin que la divinité, et de sublime que Dieu! C'est donc, cela, la modernité : adorer des babioles!

Comment transformer la femme, la succube, la méchante reine, en muse? Vas-tu, cette fois, enfin, parvenir à résoudre cette froide équation? Oui, tu en as les moyens.

Tu es pour moi toutes les femmes, toi pour qui j'écris véritablement ceci (DI, 411) : c'est toujours cette phrase, cette prière, ou une autre, semblable, qu'on cite. Et pourquoi pas celle-ci :

Elle n'est qu'un instinct dansant que je voulus adorer, pour le plaisir d'humilier mes pensées ? Non, bien sûr, ce n'est pas toi qui as écrit cela, tu n'as pas osé, c'est ton mauvais maître, Barrès, vieux tromblon, qui parle mais c'est bien ta voix, non? Fascinant tout de même ce qui en toi répète Barrès et votre ancêtre à tous, Benjamin Constant – cette complication d'âme, ces frayeurs de renoncement, ces dédains.

Cette infatuation de soi : à la fin, êtes-vous subjugués ou libres?

L'extrême lucidité de Constant, quand il

parle de lui-même comme d'un autre (ou le contraire), c'est la tienne : *Je hais cette fatuité d'un esprit qui croit excuser ce qu'il explique; je hais cette vanité qui s'occupe d'elle-même en racontant le mal qu'elle a fait, qui a la prétention de se faire plaindre en se décrivant et qui, planant indestructible au milieu des ruines, s'analyse au lieu de se repentir.* Evidemment, ici, ce mot : *lucidité* – chaque mot d'ailleurs dans cette phrase – fait problème parce qu'il s'exerce sur de l'inextricable. C'est une sorte d'abstention, de neutralité, que la passion surexcite. Ça ressemble à de l'insensibilité et c'est tout le contraire.

Comment ne pas être cruel quand on se déchire dans des liens qu'on ne peut briser? Comment se débarrasser de la douleur, qui est ignoble, sans rompre avec soi!

Au fond, tu commences à écrire à peu près là où *Adolphe* finit : dans la satiété et le dégoût.

Comme eux tu n'as que le mot liberté à la bouche et comme eux, muscadin, tu n'aspires qu'à une ample et conciliante sujétion, comme eux tu es épris d'ordre, donc de servitude. As-tu appris par cœur la dernière page des *Bar-bares* : *O mon maître... je te supplie que par une su-prême tutelle, tu me choisisses le sentier où s'accomplira ma destinée... Toi seul, ô maître, si tu existes quelque part, axiome, religion ou prince des hommes ?* Qui dit mieux ? Oui ou non, l'as-tu apprise, cette prière fatidique ?

Constant encore : *Je suis effrayé de ne tenir à rien moi qui ai tant gémi de tenir à quelque chose.*

Plus tard, tu concevras le communisme non sous la forme de l'idéal mais dans l'idée de protection. Protège-moi, Seigneur !

Quelle est la part de l'illusion dans le monde et du mensonge dans l'amour ?

C'est drôle, c'est l'une des questions que po-se Molière dans *Amphitryon* au gré d'une farce teintée de fabliau médiéval. Chez Molière, Am-phitryon est un mari jaloux (toi, tu ne l'es pas trop), Sosie un rustre (ce n'est pas ton fait). Mer-cure, c'est Trivelin avec des ailes au talon et les mœurs déplorables de l'Olympe, et Alcmène, qui a de l'esprit et qui n'est pas dupe, c'est, si l'on veut, Elvire. Quant à Jupiter, ce n'est qu'un suprême gentilhomme coiffé d'un chapeau à plumes, un Roi-Soleil auréolé par ses prouesses d'alcôve. Résumons : Molière se moque des dieux, il est du côté de l'homme et du roi.

Il hésite entre la supercherie et l'extase. Et toi donc !

L'humiliation m'est bonne, c'est la seule forme de douleur qui me pénètre et me baigne profondément : je sais, cela non plus n'est pas de toi mais on s'y tromperait. Ose jurer que cet aveu t'est étranger !

Quand tu te diras publiquement *barrésien*, on croira à une provocation. Quelle erreur !

Je ne veux pas peser les vilenies que tu as commises.

Pourquoi Aragon ?

Quand on parle si favorablement de quantité d'imbéciles, je me dis que je ne risque pas grand-chose à élire Aragon. J'ai tort.

Trahir

Tu es le siècle, sa force, son piètre instinct, comme Voltaire et Hugo l'ont été dans le leur. Mais auprès de toi, Hugo me fait l'effet d'un paysan qui rentre du marché, les poches gonflées, ayant fait ses affaires. Et Voltaire lui aussi, ayant des doutes comme on a des rentes.

Tu es peuple par le cœur, patricien par l'esprit.

Est-ce que ça te sauve ?

Il y a plusieurs manières de se tuer : l'une est d'accepter absurdement de vivre (TR, 369).

Là, tu abuses de ta sincérité : voilà une des phrases les plus ineptes que tu aies écrites.

Je suis fatigué de toi, Louis.

Heureusement, d'autres phrases me suffisent : *Il reste à faire de la liberté des usages divers, et précieux.* Cette virgule admirable entre — vers et pré — m'enchante.

Un bel autodafé

Ton œuvre à elle seule, mais lisez donc! est
un délicat traité du pastiche — et dans le pastiche, il y a l'amour qui est la divine douleur de
vivre; et dans la parodie, mais ça ne t'effleure
pas, il y a le contraire de l'amour.

Tu as ce charme d'alambic, voleur! cette faculté d'abeille, cette ardeur à piller tous les par-
fums.

Tu écris, à mon goût, moins classiquement
que Jouhandeau, séraphique jusque dans la

boue, ou Genet, aguerri par d'amers séjours à l'ombre, ou Giraudoux, ou Chardonne, quand il s'agit de se caresser le cœur, de se discerner avec tact, en douce, mais comme ton style est à toi, qualités et défauts! comme toi seul sais le manier sans qu'on puisse impunément te le dérober! C'est l'arc d'Ulysse tendu par le bras de Cupidon. Tu enfonces ta pointe, sagittaire! tu perces au lieu que d'autres effleurent, qui font du vent sur nos têtes sans nous toucher.

Avec toi, *cela n'a rive qu'au second tact...*

Un art qui se souvient et qui invente, jamais l'un sans l'autre, voilà le secret. Un lien, une salutaire infidélité et un jeu. C'est cela, la tradition. Et c'est cela, écrire.

Trahir? Trahir, se trahir, sans renoncer à soi, renaître.

J'ai déjà parlé, comme tout le monde, du *besoin de trahir* de Clément Grindor, dans *Le Libertinage*. Mais Grindor, qu'est-ce? A peine un personnage.

On pourrait citer un autre confiteor, déjà plus convaincant, celui de Michel, *celui qui me* ressemble, (dans *La Défense de l'Infini*), qui a l'accent d'une dénégation sincère : *C'est vous, c'est vous que je fuis seuls. Je vous défends de m'aimer, je n'accréditerai pas pour vous une figure mensongère. Je ne ratifierai pas votre image. Il est inadmissible qu'on prétende ainsi me fixer. Je vous échappe. Je mentais. Je n'étais pas celui que vous croyiez* (DI, 536).

Tais-toi, mais tais-toi donc! garde tes secrets, sois avare comme l'Océan, Louis, cache tes trésors, tes aberrations, laisse dire les sots, nous serons toujours assez! ne donne ni ne pardonne rien aux hommes.

Ils ne savent que contempler ce qui les dépasse, avec une grimace effarée, et moi je suis comme un satyre de bas-relief mesurant l'orteil de Polyphème endormi. Tu es ce cyclope énamouré à jamais de Galatée – mais la chipie préfère Atis le berger.

Et le Christ, le divin Epoux, ce n'était pas un bâtard, un traître, comme toi! Toi aussi, tu multiplieras les pains, à table! que le vin et le sang coulent! tu feras de l'or, c'est des miracles que vous voulez?

Je connais tes remords, non, je me vante, je ne les connais pas, pas même toi n'as su, n'as osé, décrire cela, déduire un fil de soie de ces méandres de boue mais je te devine : ta faute est présente, éternelle, tu crois l'accomplir sans cesse, tu l'aimes encore, tu la commets, dans l'intimité de tes nuits. Mais quelle faute ? Ta naissance ?

J'irai jusqu'au bout de mes torts
J'avais naissant le tort de vivre.

Assez ! C'est une blessure, cela, ce n'est pas une faute.

Ce désir, ce coup d'ailes, qui te fit voler, tu le sens encore dans tes reins.

Cette haine, qui te fit calomnier quelques innocents, pardon Nizan ! (là, tu fus moche, Louis) tu la sens encore dans ta bouche.

Cette tentation qui te vit faiblir a conservé tout son prestige et tous ses atours.

Te voilà déchiré, ne sachant plus ce que tu

fis et ce que tu pourrais faire, incapable de te délivrer de ce que tu condamnes pourtant.

C'est cela, le remords : une illusion d'éternité, une faute contre le temps, qui vous écrase. Mais agir, Louis, toi tu dirais : aimer, n'est-ce pas rompre avec l'éternel?

Je sais bien que cet orgueil insensé, chez toi, naît des humiliations de ton enfance. Et après! Tu te crois prédestiné! C'était écrit. Non, tout reste à écrire de ta main, de ta main seule, si tu veux.

Une clef, la trahison, mais pas comme l'on croit.

Tu as ridiculisé par avance les interprétations qu'on pouvait t'opposer, en t'emparant de ta propre vie et en déclinant tes périples.

Croyez-vous déterrer de l'or ou décrocher la lune?

Très tôt, tu as apposé les scellés sur ta propre existence, jaloux d'être le seul à combler tes lacunes, parant à toute éventualité dans l'ordre du reportage et du songe, ne laissant à personne d'autre le soin de te contredire, de faire même ton éloge ici-bas (mais, encore une fois, tu préfères les injures), de confondre les aléas d'une destinée avec la beauté des amours et la tristesse des révolutions.

A chaque instant je me trahis, je me démens, je me contredis. Je ne suis pas celui en qui je placerai ma confiance. Quand on prononce, non sans emphase, ce genre d'aveu, on risque toujours d'obtenir des claques.

Moi, je te crois !

Tu feins : de t'ignorer quand tu te devines, de te trouver quand tu te dérobes ; tu t'avoues, dans tes replis de protée et tes métamorphoses, tu te lâches, tu te vantes ; tu professes tes ardeurs et tes défaillances ; et quand tu te déguises tu te montres encore — riant, aveugle, divin.

Cela te coule de source.

Nul effort : c'est ton niveau.

De preux mensonges.

Vas-tu connaître un jour le châtiment de Tartuffe ?

Comment ça se passe là-haut?

Tu as voulu détruire ton œuvre, au moins une partie de celle-ci, parce qu'elle te semblait accroître le malentendu universel – c'est le seul mode par lequel on se fait connaître, Louis, tu n'y peux rien, et tu n'as pas réussi.

Tu as voulu te commenter, te corriger, te traduire, t'amender peut-être! quelle erreur, tu te crois l'âme d'un démiurge, tu n'es que la main d'un dramaturge...

Deux écoles de commentaire : la grisaille et l'enluminure mais ce n'était pas à toi, tu as le pinceau trop gros ou trop fin, c'est une fatalité de notre époque de devoir sans cesse se répéter, se redire, oui, communiquer! tant nous sommes devenus sourds, je crois même que c'est une injure envers soi, une sorte de crime, quand on a du génie. Et c'est toujours un marché de dupes, une berquinade.

Péguy : *Nul homme sans doute n'est aussi criminel que l'homme de génie qui se devient à lui-même son propre commentateur parasitaire; car il fait porter à son* ancienne œuvre un poids de commentaires, il met sur la nuque de son ancienne œuvre un joug de commentaires que nul autre homme ne pouvait lui imposer; il fait à son ancienne œuvre cette injure que l'auteur seul d'une œuvre peut lui faire... Quand des hommes quelconques, des savants, des hommes distingués nous viennent raconter des histoires sur une œuvre de génie, nous ne courons pas grand danger, parce que ces hommes ne nous en imposent pas; et nous répétons communément qu'ils nous disent des blagues; mais l'auteur même; comment ne pas en croire l'auteur même quand il nous commente sa propre ancienne œuvre; il doit savoir, puisque c'est lui qui l'a faite.

Non, bonnes gens, ce n'est pas lui qui l'a faite, c'est un autre lui, c'est un génie qui demeurait en lui.

Et Péguy de conclure que, si le génie est en toi, il n'est nullement à tes ordres.

Mais finissons, nous deux, avec ce qui subsiste de ce que tu as commencé : *La Défense de l'Infini.*

C'était un roman où l'on entrait par autant de portes qu'il y avait de personnages différenciés. Je ne

*connaissais rien de l'histoire de chacun de ces person-
nages, chacun était déterminé à partir d'une de ces
constellations de mots dont je parlais, par sa bizarrerie,
son improbabilité, je veux dire le caractère improbable
de son développement.*

*Tous les romans que j'ai écrits avant, ou après celui-
là, bien plus tard, n'auront été que jeux d'enfant, par
comparaison.*

*(Je n'ai jamais appris à écrire ou les incipit,
DI, 584.)*

Passons sur ce qui, dans ces textes, répète
Lautréamont (qui répète Pascal) et Rimbaud;
ce sont les mêmes mots que tu hisses : gaîté —
un joli mot pour dire : bordel, folies, paysages,
vertiges; le même excès, le même séjour, la
même furieuse sagesse, le temps d'une Saison,

les mêmes farouches transactions, entre la
supercherie et l'extase (Breton jalousait tes ex-
tases, tu lui as laissé la supercherie),

la surenchère désenchantée, la perdition,
l'autodafé, la dépression, la tentation du sui-
cide, le sacrifice;

Toujours l'éphémère, le machinal, le féminin (pas la femme).

Vieux talismans, grisgris.

Rimbaud : *La vieillerie poétique avait une bonne part dans mon alchimie du verbe.*

Alchimie du verbe : les simagrées de la voyance, les détails les plus abracadabrants, les listes, les rafles !

Pas une phrase d'*Une saison en enfer* qui ne semble t'épier, décrire tes séjours, tes fuites, tes abandons. Une glose amère de tes choix : *L'action n'est pas la vie, mais une façon de gâcher quelque force, un énervement.*

Concilier le français, cette *langue de caissier, précise et inhumaine*, avec le scandale et la féerie érotique, factieuse et facétieuse, c'est cela que tu veux ?

Je n'ai jamais cherché autre chose que le scandale.

Non, tu n'as voulu qu'être écrivain. Tu t'es mouillé, tu t'es compromis – *flingué !* comme dit Taillandier.

Dans tes commentaires – quel mot, *comment taire ?* – tu superposes à celui qui a écrit celui qui a vécu. Les chapitres épars et lacunaires d'une existence. On n'y peut rien, c'est toi qu'on cherche : le mal d'écrire ne se sépare pas du mal de vivre, du moins à cette époque.

Tu as toi-même voulu nous livrer la genèse ou la signification de certains détails, de certains épisodes, comme si on pouvait rectifier la cendre, l'or, la facétie, mais à quoi bon ? Ton travail de critique, ta glose, tout s'enfonce dans la fiction. Ton commentaire entretient et prolonge l'équivoque. On nage entre deux eaux, on erre entre deux récits.

Ta pensée n'est pas banale, jamais une platitude ! mais est-ce bien une pensée ? N'est-elle pas plutôt singulière, c'est-à-dire propre à toi seul ? Tu as beau employer des termes abstraits, tu sembles ne narrer que des circonstances obscures, parfois secrètes, parfois déclarées, qui, ne s'étant jamais produites, ne se reproduiront jamais.

Caches-tu ce que tu as de monstrueux ou d'étrange, tu te détestes, tu te tiens pour maudit. Veux-tu expulser ton secret, on ne le permet pas, on te le rend, on te l'impose.

Tu oscilles entre ta solitude et une meute de clichés, de lieux communs.

Soit tu me racontes quelque chose d'unique dans une langue qui n'existe pas, soit tu bavardes, tu dénonces, tu frimes, suscitant des constructions fallacieuses et des énigmes, mais c'est avec les mêmes mots !

Schiller : *Si l'âme parle, ce n'est déjà plus l'âme, hélas ! qui parle.*

C'est là l'anxiété propre à ton art. Tout est frappé d'un mal étrange. Moi, lecteur, quelles que soient mon astuce ou ma candeur, me voici transformé en menteur, voué à la paresse ou à la trahison.

Ni toi ni personne ne peut avoir le dernier mot, il n'y a pas de dernier mot.

Comment faire la part du feu? Tout est obstacle et tout est degré dans ce cheminement imposé.

Il n'est pas simple d'éditer pareil texte, de donner à lire sans trop de confusion des fragments lacunaires et mouvants, cartes d'un jeu souvent battu. Et c'est une tâche sans point final: chaque découverte réoriente l'ensemble, suggère ou détruit une hypothèse. Ce pathétique aveu de ton éditeur posthume résume le malaise.

Comment te lire? Comment ne pas te lire?

Ça s'allège ici. Ça s'aggrave là. Ça désespère le plus souvent :

Les romanciers racontent gentiment d'affreuses histoires qui se dénouent. Jolis romanciers, Mesdames, et en fait de romarin leurs petites fleurs bleues rappellent le fil à couper le beurre, c'est craché. Ce n'est pas eux la faute si malgré les frais qu'ils font, ces choux, leur marotte a l'air d'une niaise, la volonté de roman c'est-à-dire. Une fois lancé, vous comprenez, on ne peut pas s'occuper d'autre chose, on suit son sujet. C'est tout juste ce qui fait que je lis des romans, pour voir le romancier suivre son sujet : « Vous me permettrez bien de marcher à côté de vous puisque nous allons dans la même direction ? — Vieux dégoûtant. — Vous êtes bien aimable, mais pourquoi courir ainsi, belle enfant ? — Non mais, des fois pour qui il me prend çui-là, avec sa gueule ? » J'ai toujours aimé la poire du micheton quand une jeunesse le rembarre. Mais supposez qu'elle ne le rembarre pas, alors au lieu d'une poire vous avez un roman... Mais ce qui fait le roman c'est la péripétie ; charmante petite vrille au-dessous de la feuille de vigne, poil follet, breloque, cédille, et le tout absolument cohérent, Monsieur, vous pouvez mordre allez, c'est pas du toc... A force d'écrire des bouquins où tout se passait paraît comme dans la vie, on a fini par savoir si bien la prendre, la vie, que de nos jours, tout s'y passe comme dans les romans. Et ça aussi compince. Parce qu'alors, logique écrasante : pour que dans les romans tout se passe comme dans la vie, si dans la vie tout se passe comme dans les romans, dans les romans tout se passe comme dans les romans. Vous saisissez le progrès (DI, 646).

A vous dégoûter de raconter des histoires!
Jamais Breton n'écrira un factum plus féroce et
plus amer contre le roman.

Dans le même temps, faux jeton, va! tu
ouvres ton *livre* à la page ingénue des orages et
des volcans parleurs.

Tu devines, Gaulois! des brasiers et des
chevelures, des casques et des trésors enfouis,
sous les pots cassés du siècle.

Tu épies des pas d'hommes qui font des
bruits de baisers.

Tu explores, tu palpes, voleur! les utopies
dans les bas de laine paysans, Blanche, Irène,
Rachel quand du Seigneur ou Thérèse qui rit
quand on la baise.

Tu irrigues ta *cervelle de jaguar* dans ce qui se
trame, là, chaque jour, chaque matin, dans le
monde réel, infiniment.

Tu suces le sang des femmes, que tu n'auras
jamais, jamais! et tu te crois vampire! dans le
métropolitain :

On donnerait cher pour savoir ce qu'elles pensent. Celles qui veulent ne pas être touchées. Celles qui veulent qu'on les laisse faire. Celles qui veulent qu'on les saisisse lentement. Celles qui veulent frémir, celles qui veulent frôler. Celles qui ne savent pas ce qu'elles veulent. Les habituées. Les novices. Celles qui ne comprendront pas comment elles auront une fois dans leur vie permis cela. Les désespérées. Les folles. Toutes les femmes sans mémoire, toutes les femmes sans lendemain...

Toi aussi, tu aurais dû, peut-être, te *laisser faire*, tu n'aurais jamais dû cesser d'être tributaire de *ça*, à mi-chemin entre la supercherie fatale et le mythe, afin d'écrire de la sorte.

Là soudain, tout s'oriente, tout s'émeut, tout conspire, lenteurs d'hiver, frayeurs de monde, désirs, dans le sablier du temps,

le temps qui dort, le temps qui règne.

Et l'éternité est sa prison.

Et le monde est son rêve.

On n'en a pas tout à fait fini avec cette chose-là, cette suprême intuition : il y a quelque chose dans la langue qui ne désire pas s'écrire et qui brûle de l'être.

L'arc-en-ciel, oh la la comme il est beau, à tout enjamber (TR, 249).

De profundis Domine.
Ni fleurs ni couronnes.
Ni draps noirs ni orgues.

Ton échec, c'est le nôtre.

Paris — Avignon — Plan-de-la-Tour
juillet-août, 1997.

Remerciements

Je ne me considère aucunement comme un spécialiste d'Aragon.

Je remercie tous les auteurs qui par leurs travaux de recherche et d'érudition contribuent à une connaissance élargie de l'œuvre ; et je sollicite leur indulgence envers les erreurs que j'ai pu commettre.

Sans eux, je n'aurais pas eu l'audace d'écrire, sur quelqu'un qui nous importe, un livre aussi complice et aussi bref.

Je suis un *littéraire*, pardon !

PRINCIPAUX OUVRAGES CONSULTÉS

— Michel APPEL-MULLER, « *Allocution* », *Le Rêve de Grenade, Aragon* et *Le Fou d'Elsa*, Actes du Colloque de Grenade (avril 1994), Publications de l'Université de Provence, 1996.
— Pierre DAIX, *Aragon. Une vie à changer,* Flammarion, 1994. (Édition mise à jour.)
— Jean RISTAT, *Album Aragon*, Bibliothèque de la Pléiade, Gallimard, 1997.
— Valère STARASELSKI, *Aragon. La liaison délibérée,* L'Harmattan, 1995.
— François TAILLANDIER, *Aragon, 1897-1982. Quel est celui qui se prend pour moi ?*, Fayard, 1997.

Et bien sûr :

— Louis Aragon, *Œuvres romanesques complètes*, I. Edition publiée sous la direction de Daniel Bougnoux avec la collaboration de Philippe Forest, Bibliothèque de la Pléiade, Gallimard, 1997.
— Louis Aragon, *La Défense de l'Infini*. Edition renouvelée et augmentée par Lionel Follet, Gallimard, 1997.